Birgit Blessing

Mit Kindern unterwegs

In Stuttgart
und Umgebung

D1735533

Fleischhauer & Spohn Verlag

Titelbild: Auf dem Schlossplatz

Bildnachweis: Dieter Keilbach, Stuttgart (Umschlag, S. 10, 13, 85-87, 155, 159, 160, 164, 166), Susanne Bäuerle, Mundelsheim (S. 7, 57, 61, 62, 70, 132, 154), Thomas Bez, Stuttgart (S. 14), Gabriele Beintner, Ditzingen (S. 23, 26, 40, 42, 50, 76, 119), Naturkundemuseum, Stuttgart (S. 24), Linden-Museum, Stuttgart (S. 29), Haus der Geschichte, Stuttgart (S. 33), Spielhaus, Stuttgart (S. 38), Petra Schulz, Leinfelden-Echterdingen (S. 43, 68, 79, 120, 157), Beate Heibel, Schorndorf (S. 45, 51, 54, 141), Marliese Buchelt, Stuttgart (S. 59), Carsten Huber, Gemmrigheim (S. 64), DaimlerChrysler AG, Stuttgart (S. 72), TTCOMM, Stuttgart (S. 74), Familie Büttner, Stuttgart (S. 88), Kanuverleih Stolz, Ingersheim (S. 91), Flughafen Stuttgart GmbH (S. 108, 109), VIZ Sindelfingen (S. 124), Schlossverwaltung Ludwigsburg (S. 135, 137), Gemeindeverwaltung Strümpfelbach (S. 140), Jugendverkehrsschule Stuttgart (S. 147), Andrea Wanke, Stuttgart (S. 149), Familie Busse, Fellbach (S. 152). Die restlichen Aufnahmen stammen von der Autorin.

Layout: Rainer Wittner, 67435 Neustadt/Laub GmbH & Co., 74834 Elztal-Dallau

Karte: Walter Gebhard, 74821 Mosbach, e-Mail: gestaltungsatelier.gebhardt@t-online.de

© 1990 by Fleischhauer & Spohn Verlag, 74321 Bietigheim-Bissingen

4. Auflage 2003

Gesamtherstellung: Laub GmbH & Co., 74834 Elztal-Dallau

ISBN: 3-87230-586-7

Inhalt

Inhalt

Bereits zum vierten Mal legt der Fleischhauer & Spohn Verlag seinen Reiseführer für Kinder und Eltern rund um Stuttgart vor. Ich freue mich sehr auf diese neue Ausgabe, die an die erfolgreiche Idee der ersten drei Auflagen anknüpft, nur besser, umfassender und vor allem bunter ist. Das Buch bietet Eltern die gute Möglichkeit, unsere schöne Heimatstadt und die Region ihren Kindern und vielleicht auch ein wenig sich selbst näher zu bringen. Vor allem aber lädt es seine Leser ein, die vielen abwechslungsreichen und attraktiven Angebote, die Stuttgart bietet, um-

fassend kennen zu lernen und zu nutzen. Insoweit wünsche ich Ihnen viel Freude in unserer Stadt und viel Freude mit diesem schönen Buch.

Mit freundlichen Grüßen und allen guten Wünschen

Dr. Wolfgang Schuster
Oberbürgermeister der Stadt Stuttgart

Mit Kindern unterwegs in „Stuttgart und Umgebung" ist ein Buch, das Familien mit Tipps versorgt, was man in der Stadt und ihrer Umgebung so alles unternehmen kann. Seit dem Bau der beiden Musical-Theater steigen die Übernachtungszahlen, kommen immer mehr Besucher von außerhalb nach Stuttgart, darunter oft auch Familien. Ein normaler Stadtführer hilft ihnen nicht unbedingt weiter. Unser Buch ist auch für neu zugezogene Familien gedacht, die eine noch fremde Umgebung kennen lernen wollen. Und es ist natürlich auch für alle Stuttgarter gedacht. Oft weiß man nämlich gerade von der eigenen Stadt am wenigsten. Ziel soll dabei aber nicht sein, eine reine oder gar vollständige Auflistung aller Möglichkeiten zu bieten. Das wäre weder sinnvoll noch möglich. Ziel ist es vielmehr, die schönsten und interessantesten Ausflüge vorzustellen und zu beschreiben. Viele Informationen, die sowohl für fremde als auch einheimische Familien von Interesse sind, kann man auch beim Verkehrsamt der Stadt einholen, das unter dem Namen „i-Punkt" in der Königstraße 1 A (gegenüber dem Eingang des Bahnhofs bei der Fußgängerzone) seinen Sitz hat.

Öffnungszeiten i-Punkt:

Mai bis Oktober
montags bis freitags 9.00 bis 20.00 Uhr
samstags 9.00 bis 18.00 Uhr
sonntags 13.00 bis 18.00 Uhr

November bis April
täglich 13.00 bis 18.00 Uhr

Telefon 07 11/22 28-0, Fax /22 28-2 53
Internet: www.stuttgart-tourist.de

Wer weiß, was er sucht, kommt selbst jederzeit leicht an aktuelle Termine und Informationen. Durch deren Veröffentlichung in Tageszeitungen, Stadtanzeigern und auch über einen Anruf bei Bürgermeisterämtern, Verkehrsämtern oder direkt bei den jeweiligen Museen. Dasselbe gilt für die so genannten Sommerferienprogramme, den mehrstündigen oder ganztägigen Veranstaltungen für Kinder, die Ferientage zu Hause interessant und erlebnisreich gestalten.

Über den Museumspädagogischen Dienst, „mupädi" abgekürzt, lassen sich auch für Schulklassen viele interessante Veranstaltungen in enger Beziehung zum Lehrplan gestalten. Erreichbar ist der *mupädi* über *Telefon 07 11/2 16 29 96.*

An den verschiedensten Orten kann man auch Geburtstage feiern (s. Kapitel 27). Eltern sind ja oft auf der Suche nach Ideen, wie man die Kids sinnvoll einen Mittag lang so beschäftigen kann, dass der Geburtstag für das eigene Kind und seine Freunde zu einem unvergesslichen Erlebnis wird. Auch hier gibt das Buch viele Hinweise. Allerdings sei schon jetzt gesagt, dass gerade dafür eine langfristige Planung erforderlich ist, und dass solche Extraveranstaltungen zum Teil auch ihren Preis haben.

Wie man wo als Familie andererseits auch sparen kann, darüber gibt im Folgenden das Kapitel „Spartipps für Familien" Auskunft.

Komm, wir teilen

Stuttgart ist Landeshauptstadt, ist das Zentrum einer recht regen industriellen Region. Doch mehr als die Hälfte des Stadtgebiets machen Wälder, Wiesen und Weinberge aus! Noch heute! Die Innenstadt liegt im Kessel, auf drei Seiten von Hügeln umgeben. Wer Stuttgart wirklich kennen lernen will, sollte sich Zeit nehmen. Denn man darf sich nicht allein auf die Innenstadt beschränken, sondern sollte sich Stuttgart aus den verschiedensten Perspektiven annähern und auch das Umland einbeziehen. Genau das soll im Folgenden geschehen. Ausgehend von den vielfältigen Möglichkeiten, die sich in der Innenstadt in Museen, Parks und Gärten bieten, geht es hinaus in einzelne Stadtteile und hinauf auf die Höhen, zu den verschiedensten Aussichtspunkten, die zum Teil schon durch die Art, wie man sie erreicht, mit Seil- oder Zahnradbahn nämlich, zu reizvollen Ausflügen werden. Und schließlich geht es noch weiter hinaus, in Städte in der näheren Umgebung. Auch das Umland macht schließlich die Attraktivität einer Stadt aus, trägt zum Freizeitwert einer Großstadt bei.

Viele der Ausflüge, sogar die meisten, sind mit den öffentlichen Verkehrsmitteln des Verkehrsverbundes Stuttgart (VVS) gut zu erreichen. Meist macht es sogar mehr Sinn, öffentliche Verkehrsmittel zu benutzen, auch wenn mancher doch die Unabhängigkeit schätzt, mit dem eigenen Wagen anzureisen. Immer jedenfalls ist genau beschrieben, wie man die einzelnen Zielpunkte erreicht.

Stuttgart zu entdecken und für sich zu erobern, gilt es also. Wer sich das Inhaltsverzeichnis angesehen hat, weiß, dass man dazu ganz schön viel unterwegs ist, und zwar eigentlich mit allem, womit man sich fortbewegen kann: zu Fuß, das am meisten, aber auch zu Pferd, mit Rädern im weitesten Sinn des Wortes – wobei Radtouren allerdings ausgenommen sind, denn dafür gibt es andere Bücher – und auf dem Wasser.

Doch bevor man sich nun endgültig auf den Weg macht, eines noch: Stuttgart steht an der Schwelle zu einem ehrgeizigen Projekt, das sich „Stuttgart 21" nennt. Schneller als gedacht, können sich dadurch auch Verkehrsführungen ändern, öffentliche Verkehrsmittel anders eingesetzt werden oder andere Nummern erhalten. Dafür bitten Verlag und Autorin vorab um Verständnis.

Auch Öffnungszeiten und Eintrittspreise ändern sich oft rascher, als es einem lieb sein kann. Wer sicher gehen will, tut gut daran, sich unter den angegebenen Telefonnummern unmittelbar vor dem geplanten Ausflug noch einmal rückzuversichern. Sollten sich größere Änderungen ergeben, würden wir uns auch über eine kurze Mitteilung freuen.

Ein herzliches „Danke" an dieser Stelle übrigens allen Mitarbeiterinnen und Mitarbeitern der Museen und der anderen Einrichtungen, die Gespräche und Fotos ermöglichten und sich gerne zu ausführlichen Informationen bereit fanden. Und ein weiteres herzliches „Dankeschön" an alle kleineren und größeren, bekannten und unbekannten „Fotomodelle".

Die Informationen und Bilder haben Eingang gefunden in 28 Kapitel, in denen man, wie man in Schwaben sagt „zig", also unzählige Vorschläge bekommt, was man als Familie unternehmen kann. Es gibt Tipps für jede Jahreszeit, für Unternehmungen drin oder draußen, für Wanderungen und Ausflüge. Viel gibt es zu sehen, zu erleben, zu machen und zu erwandern. Nicht nur für Kinder. Auch die Erwachsenen werden ihren Spaß haben. Vielleicht schreiben Sie ja auch darüber einmal an den Verlag und berichten, was besonders schön oder erlebnisreich war? Ich würde mich darüber freuen und wünsche Ihnen allen schon heute viele, viele schöne Erlebnisse!

Ihre

Birgit Blessing

Als Familie unterwegs zu sein, kann ganz schön teuer sein. Aber Ausnahmen bestätigen bekanntlich die Regel. So kann man als Familie unter Umständen auch richtig sparen. Zum Beispiel dann, wenn man mit der **StuttCard** auf Entdeckungsreise geht. Hier gibt es u. a.:
- kostenlosen Eintritt in nahezu alle Museen,
- bis zu 20 % Ermäßigung auf Stadtrundfahrten,
- bis zu 25 % Ermäßigung in vielen Theatern,
- bis zu 50 % Ermäßigung für viele Erlebnisangebote, die gerade für Kinder interessant sind, wie die Neckar-Personen-Schifffahrt oder die Wilhelma,
- Ermäßigungen oder auch Kostenloses in Gastronomie und Einzelhandel;

Ob man in Stuttgart nur zu Besuch ist oder hier wohnt und ein paar Ferientage lang mal seine engere und weitere Umgebung gezielt entdecken will, mit der **StuttCard plus** hat man zusätzlich zu den o. g. Leistungen noch drei Tage freie Fahrt in allen Verkehrsmitteln des Tarif- und Verkehrsverbundes Stuttgart (VVS) im Stuttgarter Innenraum sowie zum Flughafen.

Erhältlich sind die Karten samt Begleitheft für derzeit EUR 14,00 (StuttCard plus mit VVS) bzw. EUR 8,50 (StuttCard ohne VVS) in der Touristeninformation „i-Punkt" in der unteren Königstraße.

Andere Angebote richten sich speziell an von außerhalb anreisende Familien, für die es verschiedene interessante Pauschalangebote, bestehend aus einer oder mehreren Übernachtung samt Programm gibt. Egal, ob man als Familie in Stuttgart zu Besuch oder zu Hause ist, wer einen Ausflug mit öffentlichen Verkehrsmitteln gestaltet, spart in jedem Fall mit der **VVS GruppenTageskarte**. Die Einzeltageskarte gilt nur für eine Person. Mit der GruppenTageskarte fahren bis zu fünf Personen, unabhängig vom Alter, oder ein Elternpaar bzw. ein Elternteil mit beliebig vielen eigenen Kindern bis einschließlich 17 Jahre entweder innerhalb von ein bis zwei Zonen oder im gesamten Netz frei. Anstelle von Personen können auch Fahrräder mitgeführt werden. Auch ein Hund fährt anstelle einer Person frei. Zu beachten sind jedoch gewisse Sperrzeiten. Ein Kauf vorab ist übrigens nicht erforderlich. Man kann sich das Ticket unmittelbar vor Antritt der ersten Fahrt bequem aus den an jeder Haltestelle vorhandenen Fahrkarten-Automaten besorgen. Zur Planung der Touren kann über die Homepage www.vvs.de der Fahrplan vorher abgerufen werden.

Die **FamilienCard** erhalten alle Stuttgarter Kinder und Jugendliche bis einschließlich 16 Jahre, wenn der Gesamtbetrag des Familieneinkommens Euro 82 000 jährlich nicht übersteigt (Stand 2003) oder die Familie mehr als drei Kinder hat. Die FamilienCard beinhaltet Ermäßigungen in Höhe von 20 % auf die Gebühren der Musikschule und der Kosten für Waldheimferien sowie ein Guthaben von jähr-

Mit welcher Linie fahren wir heute?

lich Euro 60,00 pro Kind oder Jugendlichem für die in einer Broschüre dargestellten Angebote. Das können Besuche im Schwimm-
bad sein, Volkshochschulkurse, Wilhelmabesuche und vieles mehr.
Auskünfte erteilt das Sozialamt der Stadt Stuttgart (Freiwillige Leistungen), Eberhardstraße 33, 70173 Stuttgart, Telefon 07 11/2 16-
24 95. Infos auch unter www.familiencard.de.

Unabhängig davon gilt für alle Familien: Fast in allen Museen oder
sonstigen Einrichtungen, die oft von Familien besucht werden, gibt
es meist eine Familieneintrittskarte. Danach zu fragen ist nie verkehrt. Günstig können oft auch so genannte Kombikarten sein, die
für den Besuch mehrerer Museen, Schlösser oder Gärten gelten.

Doch genug der Vorreden. Es wird Zeit, nun selbst auf Entdeckungsreise in Stuttgart und Umgebung zu gehen...

Ein Rundgang durch das Zentrum Stuttgarts

Die „Stadt", wie die Schwaben sagen, wenn sie Stuttgart meinen, ist nicht nur zum Einkaufen da, und für einen Familienausflug muss man nicht immer erst einmal hinaus ins Grüne fahren. Auch in der Stadt kann man gemeinsam etwas unternehmen. Wie wäre es denn einmal mit einem Stadtrundgang? Das soll natürlich nicht in Form einer „Führung" geschehen, die auf alle historischen Details eingeht, denn das würde bei weitem den Rahmen und auch die Absicht dieses Buches sprengen. Vielmehr geht es allein darum, die Gebäude, an denen man im Alltagstrott oft acht- und blicklos vorübergeht, benennen und zuordnen zu können. Wer mag, kann sich ja später noch eingehender informieren.

Ausgangspunkt ist, wie könnte es anders sein, der in Stuttgart nicht nur markante, sondern auch recht dominante Bahnhof. Entschuldigung: **Hauptbahnhof.** Schließlich gilt er als eines der Wahrzeichen der Landeshauptstadt. Vor mittlerweile fast achtzig Jahren (nämlich 1914 bis 1927) wurde er unter der Bauleitung des Architekten Paul Bonatz errichtet. Und so massiv er aussieht, unter den Muschelkalkquadern, die ihn fast wie eine mittelalterliche Burg aussehen lassen, versteckt sich Beton und Stahl. Alt und neu verbindet ihn auch an anderer Stelle: Am Aufgang zur großen Schalterhalle wird mit einem überlebensgroßen Halbrelief an den „Schwäbischen Ritter", König Wilhelm I., erinnert; in der großen Halle über dem mittleren Eingang findet sich zudem das Wappen des ehemaligen Königstores. Beherrscht wird das Gebäude vom **Bahnhofsturm,** von dessen Plattform man seit Sommer 1998 Stuttgart einmal aus einer anderen Perspektive ansehen kann. Man kann hinaufsteigen, oder auch, vom Südeingang aus, hinauffahren. Zwanzig Stufen über eine Wendeltreppe trennen einen dann noch von der Aussichtsplattform. Dort angelangt, sieht man in alle Himmelsrichtungen. Nach Westen, über die betriebsame Königstraße, bis hinauf zum goldenen Hirsch auf dem Dach des Kunstgebäudes und den dahinter aufragenden Türmen der Stiftskirche. Die Aussicht nach der anderen Seite aber dürfte für Kinder fast noch spannender sein: auf die Züge, die auf 16 Gleisen in und aus dem Bahnhof rollen. Wer noch länger zusehen mag, kann dies mit einer Einkehr im „Bistro 21" unterhalb der Plattform verbinden. Irgendwann wird es die Gleise nämlich nicht mehr geben. Dann, wenn die schon begonnenen Arbeiten am Bahnhof im Zusammenhang mit dem anspruchsvollen Projekt „Stuttgart 21" abgeschlossen sein werden. Geplant ist die Mischung von Wohnen und Arbeiten, es sollen Geschäfte, Flanierzonen und Plätze entstehen, kurz: eine zweite City in direkter Verbindung zur alten. Noch ist das Zukunftsmusik. Aber wie es aussehen soll, zeigen in Wort und Bild frei zugängliche Ausstellungen im Turm.

Blick vom „Kleinen Haus" auf den Bahnhofsturm

Über die Rolltreppe aus der Unterführung erreicht man die *„Königstraße"*. Noch vor dem Karstadt-Gebäude gelangt man links, durch eine Passage, in den *Oberen Schlossgarten*. Beim See mit seiner Fontäne und seinen unzähligen, zum Teil mittlerweile recht zudringlichen Schwänen und Enten, liegt das *Kleine Haus* (Schauspiel), rechts daneben das *Große Haus* (Oper und Ballett), an das sich der *Landtag* anschließt.

Die kurze Seite des Sees schließt das **Neue Schloss** ab, ein Barockbau, der in den Jahren 1746 bis 1806 erstmals errichtet worden war. Nachdem im 18. Jahrhundert Ludwigsburg eine Zeitlang Residenz (s. Kapitel 21) gewesen war, hatte Herzog Carl Eugen den Regierungssitz wieder nach Stuttgart zurückverlegt, jedoch unter der Bedingung, dass ihm ein neues Schloss gebaut würde. Leider wurde dies bei einem Bombenangriff 1944 nahezu zerstört und konnte nur unter Schwierigkeiten wieder aufgebaut werden. Obwohl auch Teile von Ministerien darin untergebracht sind, dient es heute vorwiegend als repräsentativer Rahmen bei Veranstaltungen der Landesregierung. Doch sind die Prunkräume auch bei Sonderführungen zugänglich.

Schattige Pause auf dem Schlossplatz

Gleich daneben ist ein anderes Wahrzeichen Stuttgarts kaum zu übersehen: das **Kunstgebäude**. Man erkennt es leicht an dem weithin sichtbaren goldenen Hirsch, der von der Kuppel herunter stolz in die Runde blickt.

Zwischen Neuem Schloss und Kunstgebäude tritt man hinaus auf den *Schlossplatz*, den Hauptplatz und Mittelpunkt Stuttgarts. Im Zentrum ragt die 30 Meter hohe *Jubiläumssäule* empor, die 1841 zum Regierungsjubiläum König Wilhelms I. errichtet wurde. Gerade gegenüber vom Neuen Schloss steht auf der anderen Seite des Schlossplatzes der *Königsbau*, dessen Säulenreihe von hier aus weit imposanter wirkt, als wenn man, den Blick in die Auslagen seiner Geschäfte vertieft, hinter ihnen entlang geht.

Bleibt man einmal auf dieser Seite des Schlossplatzes und geht am Ehrenhof des Neuen Schlosses geradeaus weiter, stößt man auf das

Alte Schloss, das mit seinen runden Türmen und seinen schweren Steinquadern noch heute mittelalterlich-wehrhaft wirkt. Tatsächlich wurde es bereits im 14. Jahrhundert errichtet. Im Innern überraschen dafür vielleicht die schönen Arkaden, die die Burg ihrem späteren Umbau zum Renaissanceschloss verdankt. Vom 16. bis ins 18. Jahrhundert war es Residenz, heute ist das **Württembergische Landesmuseum** (s. Kapitel 2) darin untergebracht. An seiner linken Seite ist einer der schönsten Plätze Stuttgarts, der *„Karlsplatz"*, in dessen Mitte ein Reiterdenkmal Kaiser Wilhelms I. steht. Im Karree darum herum, von Kastanienbäumen beschattet, bauen jeden Samstag von 8.00 bis 16.00 Uhr Antiquitätenhändler, Trödler, Antiquare und Kunstgewerbler ihre Stände auf und halten einen viel und gern besuchten Flohmarkt ab.

Auf dem Schillerplatz

Auf der gegenüberliegenden Seite des Alten Schlosses findet man den „Schillerplatz", mit dem Fruchtkasten, in dem früher Korn aufbewahrt wurde. Heute ist auch hier ein Teilbereich des Württembergischen Landesmuseums, und zwar die Sammlung historischer Musikinstrumente, untergebracht. Geht man rechts vom Fruchtkasten die kleine Gasse hinein in Richtung Stiftskirche, findet man an hinteren Ende des Gebäudes die Skulptur einer bekannten Stuttgarter Sagengestalt, von deren Vorhandensein selbst viele alteingesessene Stuttgarter nichts wissen: Ähnlich wie ein Wasserspeier ragt die Figur des Stuttgarter Hutzelmännleins hier aus den Stein. Neben „Mozart auf der Reise nach Prag" ist das „Stuttgarter Hutzelmännlein" zur bekanntesten Erzählung des Dichters Eduard Mörike geworden.

Erzählt wird darin die Geschichte des Schustergesellen Seppe, der auf Wanderschaft geht. Am Tag vor seiner Abreise erscheint ihm der Schusterkobold, das Hutzelmännlein. Es gib ihm ein nachwachsendes Brot und zwei Paar Glücksschuhe. Das eine Paar soll er selbst tragen, das andere irgendwo abstellen. Seppes Abenteuer beginnen damit, dass er die Paare durcheinander bringt, je einen von jedem Paar trägt und deshalb sein Glück bis zum guten Ende nie vollkommen ist. Im weiteren Verlauf des Märchens erzählt Mörike viele Episoden, deren längste die „Historie von der schönen Lau" ist. Was es mit ihr und dem „Klötzle Blei" auf sich hat, das erfährt man auch auf einem Ausflug nach Blaubeuren zum Blautopf...

In der Mitte des Schillerplatzes steht eine weitere Skulptur. Wer das sein könnte, ist beim Namen des Platzes sicher nicht schwer zu erraten: Es ist der Dichter Friedrich Schiller, der zugleich als berühmtester Schüler der von Herzog Carl Eugen gegründeten Hohen Karlsschule gilt. Von der Stiftskirche, die mit ihrem markanten Turm alles überragt, blasen die „Stiftsbläser" täglich um 9.12 Uhr in alle vier Himmelsrichtungen. Die Stiftskirche ist nicht nur als evangelische Hauptkirche für Stuttgart wichtig, sie ist auch ein weiteres Wahrzeichen der Stadt. Links an ihr vorbei, vorbei auch an der Markthalle, deren Besuch jedem empfohlen sei, geradeaus weiter gelangt man auf den „Marktplatz". Doch da die ihn begrenzenden Häuser im Krieg allesamt zerstört und als wenig bemerkenswerte Neubauten wieder aufgebaut wurden, ist allenfalls das Rathaus von Interesse, in dessen Turm 30 Glocken mehrmals am Tag schwäbische Volkslieder spielen. Für Kinder mag auch interessant sein, dass hier am „Marktplatz" Stuttgarts größtes Spielwarengeschäft zu finden ist. Daran und am Kaufhaus Breuninger entlang geht man weiter und gelangt in eine Unterführung, die in ihrem weiteren Verlauf die Verbindung zwischen Innenstadt und den angrenzenden Wohnvierteln darstellt. Die Passage ist auf das Notwendigste verkürzt, der restliche Teil gibt den

Blick nach oben frei, auf die *Leonhardskirche* und den Himmel darüber. Links davon liegt der gläserne Turm, die Verbindung zum Parkhaus des Breuninger-Kaufhauses. Wer mag, macht einen Abstecher hinauf und genießt eine gewisse, wenn auch nicht allzu lohnenswerte Aussicht über die rückwärtige „Hauptstätter Straße", den „Charlottenplatz" und das „Leonhardsviertel", das „brave" Bürger gerne meiden. Schließlich ist hier Stuttgarts überschaubare und zumindest tagsüber auch nicht sonderlich aufregende „Rotlichtmeile".

Viele, auch alteingesessene Stuttgarter, kennen daher auch kaum das **Spielzeugmuseum**, das im links, Richtung „Charlottenplatz" angrenzenden „Bohnenviertel", in der „Weberstraße", Unterschlupf gefunden hat. Dabei lohnt sein Besuch sich längst nicht nur für Kinder! Auf Puppen, Puppenstuben, Kaufläden, Ritterburgen, alte Bilderbücher, Dampfmaschinen – und sogar auf ein Modell des alten Stuttgarter Hauptbahnhofs trifft man.

Der „richtige" Bahnhof war Ausgangspunkt der kleinen Stadterkundung. Hier soll sie auch ihr Ende finden. Aber noch ist es nicht so weit. Am „Charlottenplatz" über die breite „Charlottenstraße" erreicht man das, was Stuttgart gemeinhin stolz seine Kulturmeile nennt. Obwohl oder weil sie durch die breite und verkehrsreiche „Konrad-Adenauer-Straße" geradezu brutal in zwei Hälften zerschnitten wird. Ein Hoffnungsschimmer, dass sich das ändern soll, zeichnet sich am Horizont schon ab. Zwischen Oper und Musikhochschule soll eine filigrane Brücke entstehen, zwischen Alter Staatsgalerie und dem Hotel Interconti soll der Tunnel verlängert werden.

Momentan sind es aber noch allein die Bauten und ihre Funktion, die der Gegend ihren Reiz geben. Vom „Charlottenplatz" aus gesehen zuerst das *Wilhelmspalais*, die heutige Stadtbücherei, wo unter dem Titel „Leseohren – aufgeklappt" übrigens auch Vorlese- und Bastelstunden für Kinder abgehalten werden. Dann folgt der moderne Flachbau der *Landesbibliothek*. Der monumentale Bau der Musikhochschule mit dem markanten Turm des britischen Stararchitekten James Stirling schließt sich an. Sie birgt eine Reihe von Schätzen, von denen die Öffentlichkeit noch wenig weiß, darunter allein zehn Orgeln der verschiedensten Epochen. Das soll sich in naher Zukunft ändern. Schon in diesem Jahr soll es die ersten Führungen geben, mit Einblicken in die Welt des Orgelbaus, aber auch musikalischen Kostproben. Was ebenfalls noch wenige wissen, der Turm der Musikhochschule, der laut ihrem Rektor Werner Hinrichs der schönste Aussichtsplatz in der Stadt ist, kann von jedem besucht werden. Und zwar kostenlos. Unmittelbar vor dem Gebäude der Musikhochschule steht Stuttgarts neuestes Museum, das *„Haus der Geschichte"*. Durch Wasserspiele und harmonische Fassadengestaltung ist es angebunden an die *Neue Staatsgalerie*, die 1984 ebenfalls durch Stirling errichtet, an den klassizistischen Bau angrenzt, in dem die *Alte Staatsgalerie* (beide

s. Kapitel 2) nach wie vor untergebracht ist. Da hinter beiden noch ein weiterer räumlich ebenfalls interessanter Trakt angefügt wurde, haben sie nun Platz, ihre weithin bekannten Ausstellungen zu zeigen.

Durch die Unterführung dort gelangt man in den *Mittleren Schlossgarten* (s. Kapitel 3) und von dort zurück zum **Bahnhof**.

Eingang des „Haus der Geschichte"

Plattform Bahnhofsturm

Geöffnet:	täglich	9.00 Uhr – 19.00 Uhr
Eintritt:	frei zugänglich	

Neues Schloss

Geöffnet:	Nur im Rahmen von Sonderführungen. Anmeldung erforderlich.
Infos:	Telefon 07 11/66 73 43 31

Altes Schloss, Staatsgalerie und „Haus der Geschichte"
s. Kapitel 2

1. Stuttgarter Spielzeugmuseum
Webergasse 6 – 8, 70182 Stuttgart (Zentrum)

Wie kommt man hin?
Per VVS: Mit der Stadtbahn-Linie U 1, U 2, U 4, U 5, U 6 oder
U 7 sowie Straßenbahn-Linie 15, Haltestelle „Charlottenplatz".

Per Pkw: Parkmöglichkeit im Parkhaus Breuninger. Zufahrt über
Esslinger Straße.

Geöffnet:	dienstags bis sonntags	11.00 – 17.00 Uhr	
Eintritt:	Erwachsene	EUR	3,00
	Kinder (ab 6 J.)	EUR	2,00
Infos:	Telefon 07 11/23 28 86		

Turm der Musikhochschule
Urbanstraße 25, 70182 Stuttgart

Geöffnet:	montags bis freitags	7.30 – 22.00 Uhr
	samstags	9.00 – 20.00 Uhr
	sonntags	11.00 – 18.00 Uhr
	in den Semesterferien:	
	montags bis freitags	9.00 – 18.00 Uhr

Was sich Stuttgarts Museen für Kinder so alles einfallen lassen

„Kinder und Museen", sagen oder denken immer noch gar nicht so wenige Erwachsene: „Ich weiß nicht, meine sind da noch zu klein!" Ihre Gesichter lassen dabei nur zu gut auf die eigenen Erfahrungen schließen. Zu ihrer Zeit wurde man von den Eltern noch dazu angehalten, leise zu sein im Museum, da standen unverständliche Gegenstände in viel zu hoch angebrachten Vitrinen. Und die Erklärungen der Eltern dazu kamen nur vage, geflüstert, vielleicht schon deshalb unverständlich, weil sie selbst eben erst die knappen Beschreibungen gelesen hatten...

Heute ist das von Grund auf anders. Nicht nur weil sich die Museen total verändert haben. Doch auch das. Wo früher Vitrinen waren, wird heute versucht, Erlebniswelten zu schaffen, die Dinge in ihrer Beziehung zu ihrem Umfeld und in ihrem Gebrauch zu zeigen. Dazu später noch mehr. Für Familien und in Bezug auf Kinder aber ist auch die Einstellung der Museen gegenüber ihren großen und kleinen Besuchern wichtig. Die legen es nämlich inzwischen darauf an, Verständnis zu wecken. In jedem der großen Museen in Stuttgart gibt es deshalb inzwischen regelmäßig spezielle Veranstaltungen für Kinder. Schließlich werden aus Kindern einmal Erwachsene, die sich kulturell interessieren und engagieren sollen. Kirchen, Schlösser, Ausstellungen in Galerien und Museen können heute nur existieren, wenn sie vom Interesse einer breiten Öffentlichkeit getragen werden. Und andererseits bereichert uns ihr Besuch natürlich auf Reisen, aber auch zu Hause. Deshalb ist es den Führern in Museen so wichtig, auch ihren kleinen Besuchern Spaß am und im Museum zu vermitteln. Gerade sie sollen eine Führung nicht stumm über sich ergehen zu lassen, sondern die Gelegenheit nutzen, um eigenes Wissen und eigene Erfahrungen, oder aber auch Fragen zum Thema spontan einzubringen. Eine Kinderführung oder Kinderveranstaltung im Museum ist meist in verschiedene Phasen unterteilt. Da wird Information gegeben und – innerhalb der Museumsräume – etwas zum entsprechenden Thema gehörendes auch an anderen Stellen gesucht und gefunden, es werden Spiele gemacht, gebastelt und Geschichten erzählt. Eine Kinderführung dauert in der Regel eine Stunde. Es gibt aber auch mehrstündige oder tageweise Veranstaltungen. Die beiden Letzteren meist in den Ferien oder zu bestimmten Anlässen wie Sonderausstellungen. Die rund einstündigen Kinderveranstaltungen sind eigentlich nur für Kinder gedacht, aber vielen Eltern macht es dann doch selbst so viel Spaß, dass sie gerne dabei bleiben...

Was die *großen Museen Stuttgarts* – Galerie der Stadt Stuttgart, Landesmuseum, Linden-Museum, Löwentormuseum, Staatsgalerie und „Haus der Geschichte" – sich im einzelnen für Kinder ausgedacht haben, das soll im Folgenden näher erläutert werden:

Galerie der Stadt Stuttgart

1924 stiftete Graf Silvio della Valle di Casanova der Stadt Stuttgart seine Bildersammlung süddeutscher Impressionisten und legte damit den Grundstock zur Galerie der Stadt Stuttgart. Ihr (altes) Gebäude am Schlossplatz ist mit seinem goldenen Hirsch auf der Kuppel inzwischen selbst zu einem der kulturellen Wahrzeichen Stuttgarts geworden und auch ihr Bestand an moderner und zeitgenössischer Kunst ist seitdem stark gewachsen. So stark, dass nun ein Neubau auf dem „Kleinen Schlossplatz" unmittelbar neben dem Königsbau notwendig geworden ist. Er umfasst, um nur ein Beispiel zu nennen, die umfangreichste und bedeutendste Sammlung des Werks von Otto Dix. Momentan sind im alten Gebäude nur einzelne Kinderveranstaltungen in Zusammenarbeit mit dem mupädi, dem museumspädagogischen Dienst der Stadt möglich. Das soll sich ändern, wenn der Neubau 2004 fertig gestellt ist, und man darf darauf gespannt sein. Was aber vielleicht schon jetzt interessant ist: Jeden ersten Sonntag im Monat gibt es eine kostenlose Führung über die Baustelle, zu der auch Kinder mit ihren Eltern gerne kommen dürfen.

Galerie der Stadt Stuttgart
altes Gebäude: Schlossplatz 2, 70173 Stuttgart

Wie kommt man hin?
Per VVS: Mit der Stadtbahn-Linie U 5, U 6, U 7 oder der Straßenbahn-Linie 15 sowie mit der Bus-Linie 42 oder 44 Haltestelle „Schlossplatz".

Geöffnet:	dienstags bis sonntags	11.00 – 18.00 Uhr
	mittwochs	11.00 – 20.00 Uhr
Eintritt:	frei, außer bei Sonderausstellungen	
Infos:	Telefon 07 11/2 16-21 88, Fax /2 16-78 20, e-Mail: galeriestuttgart@stuttgart.de;	

Tipp:
Kostenlose Führungen über die Baustelle des Neubaus (Kleiner Schlossplatz) bis einschließlich Mai 2004 jeweils am 1. Sonntag im Monat um 11.00 Uhr; Dauer ca. 1,5 Stunden. Treffpunkt: Calder-Mobile, Schlossplatz, Anmeldung nicht erforderlich.

Infos zur Baustellenführung: Telefon 07 11/2 16-27 09

Württembergisches Landesmuseum im Alten Schloss

Eines der Museen, wo immer viel geboten wird, ist das **Württember-gische Landesmuseum** im Alten Schloss. Es besitzt Sammlungen aus der Steinzeit, der Zeit der Kelten, der Römer und Alamannen. Außerdem Möbel, Skulpturen, Musikinstrumente, aber auch Schätze aus der Kunstkammer der Herzöge von Württemberg und sogar den württembergischen Kronschatz und eine Königsgruft. Kinder können seine (im wahrsten Sinne des Wortes) Schätze selbst entdecken – dafür gibt es eigens ein Suchspiel, das an der Information bereit liegt – oder an einer der vielen Veranstaltungen teilnehmen. So zum Beispiel dem *Familienprogramm*: Kann sein, es geht um die Alamannen. Wo und wie haben die gelebt? Wie haben sie sich gekleidet? Um nicht nur zu belehren, können Kinder in der Führung meist auch selbst etwas tun: Kleider anprobieren zum Beispiel, oder auch durch kleine Rollenspiele eine andere Lebenssituation kennen lernen. Sie sind einmal selbst, um im Beispiel zu bleiben, „Alamannenmann" oder „Alamannenfrau". Es wird verkleidet, gespielt, gemalt und gebastelt.

Etwas Besonderes ist es, wenn man hier einmal Geburtstag feiern darf. Gerade das eben vorgestellte Beispiel „Wer waren die Alamannen?" ist eines von fünf Themen, das sich ein Kind für sich und seine Freunde als Geburtstagsführung wünschen kann. „Steinzeit", „Römer", „Ritter" und die „Schätze im Alten Schloss" sind die anderen Themen.

Spannend kann aber auch ein Gang durch die Musikinstrumenten-sammlung (im Museum im Fruchtkasten, am Schillerplatz) sein, wenn nämlich Märchen und Geschichten zu den einzelnen Instru-menten erzählt werden, oft sogar noch mit Klangspielen untermalt. In den Sommerferien oder zu Sonderausstellungen gibt es meist wei-tere Veranstaltungen, deren Termine jeweils rechtzeitig vorab veröf-fentlicht werden, die aber auch im Museum zu erfragen sind.

Eine andere regelmäßige Veranstaltung, die Kinder, Jugendliche und Erwachsene gleichermaßen begeistern kann, ist, geführt „Mit dem Zeichenstift durchs Museum" unterwegs zu sein.

Wer meint, das sei schon viel: Das waren nur Veranstaltungen mit Schwerpunkt Familie. Ansonsten gibt es Vorträge, Konzerte sowie die regulären Führungen mittwochs und sonntags.

Württembergisches Landesmuseum im Alten Schloss
Schillerplatz 6, 70173 Stuttgart

Wie kommt man hin?
Per VVS: Mit der Stadtbahn-Linie U 5, U 6 oder U 7 oder der Straßenbahn-Linie 15, Haltestelle „Schlossplatz", mit der Stadt-bahn-Linie U 1, U 2 oder U 4, Haltestelle „Charlottenplatz", mit der Stadtbahn-Linie U 9 oder U 14, Haltestelle „Keplerstraße".
Mit der Bus-Linie 42 oder 44, Haltestelle „Schlossplatz".

Per Pkw: Parkmöglichkeit in der Tiefgarage „Schillerplatz", Zufahrt über die Dorotheenstraße.

| Geöffnet: | dienstags | 10.00 – 13.00 Uhr |
| | mittwochs bis sonntags | 10.00 – 17.00 Uhr |

(an Feiertagen erfragen)
Die Königsgruft ist samstags und sonntags von 12.00 bis 14.00 Uhr geschlossen!

Eintritt:	Erwachsene	EUR	2,60
	Jugendliche/ermäßigt	EUR	1,50
	Kinder (bis 14 J.)		frei
	Schulklassen (ab 9. Klasse)		
	pro Schüler	EUR	0,50

Begleitende Lehrer sind frei.

„Mit dem Zeichenstift durchs Museum"
einschließlich Eintritt   EUR   7,00

Jahreserlebniskarte (mit freiem Eintritt zu allen Veranstaltungen)   EUR   65,00

Für *Kinderveranstaltungen* gelten die üblichen Eintrittspreise.

Kindergeburtstag
1,5 bis 2 Stunden   EUR   75,00
zzgl. Kostenbeitrag EUR 5,00 – 10,00;

Infos: Telefon 07 11/2 79-34 00, Fax /2 79-34 99;
Auswärtige Schulen sollten sich unter diesen Nummern anmelden, diejenigen aus dem Stadtgebiet dagegen über den mupädi. e-Mail: info@landesmuseum-stuttgart.de

Internet: www.landesmuseum-stuttgart.de

Musikinstrumentensammlung im Fruchtkasten
Schillerplatz 1, 70173 Stuttgart

Die Eintrittspreise für das Württembergische Landesmuseum im Alten Schloss beinhalten auch den Eintritt in die Musikinstrumentensammlung.

| Geöffnet: | dienstags | 10.00 – 13.00 Uhr |
| | mittwochs bis sonntags | 10.00 – 17.00 Uhr |

Staatliches Museum für Naturkunde: Museum am Löwentor und Schloss Rosenstein

Das Staatliche Museum für Naturkunde in Stuttgart gehört zu den größten und bedeutendsten Museen dieser Art in Mitteleuropa. Seine Sammlungen umfassen Objekte aus der Botanik (der Pflanzenkunde), der Zoologie (der Tierkunde), der Geologie (der Lehre vom Bau der Erde), der Paläontologie (der Lehre von den Lebewesen der Vorzeit) und vielen anderen Bereichen. Obwohl mit dem Museum am Löwentor und Schloss Rosenstein sogar gleich zwei Ausstellungsgebäude zur Verfügung stehen, lagern in den riesigen Magazinen weit mehr Objekte, als je ausgestellt werden können. Aber was ausgestellt ist, vor allem auch wie, das ist wirklich unglaublich spannend. Für Kinder und Erwachsene.

Wow, ist der groß!

Museum am Löwentor

Um etwas über Dinosaurier zu erfahren, muss man keine aufwendige
Reise nach Amerika oder Asien machen. Auch durchs „Ländle", also
bei uns in Baden-Württemberg, sind die imposanten und bei Kids so
beliebten Echsen nämlich gestapft, haben hier ihre Spuren und auch
ihre Skelette hinterlassen. Wiederbelebt in lebensgroßen, wie echt
wirkenden Nachbildungen gibt es sie im Museum am Löwentor.
Hier lässt sich einem Dino direkt ins Maul schauen oder auch einmal
sacht über die schuppige Haut streicheln, ehe man sich selbst noch
einen für zu Hause bastelt.

Wer nicht ganz so weit auf Zeitreise gehen will, findet nicht minder
interessantes im Eiszeitalter. Sollte man glauben, dass es im heutigen
Baden-Württemberg vor rund 50 000 Jahren Löwen, Hyänen und
Bären ebenso gab wie Riesenhirsche, Nashörner und Mammuts?
Auch diese fremde Lebenswelt können Kinder quasi nacherleben, in
altersgerechten Führungen oder bei Bastelnachmittagen, die regelmäßig dienstags angeboten werden. „Versteinerungen" entstehen dabei innerhalb einer halben Stunde aus Gips! Kleine „Steinzeitjäger"
fertigen mit Steinklingen Lederbeutel oder stellen selbst ein Steinzeit-
Taschenmesser her. Und das ist längst nicht alles, was das Haus an
interessanten Mitmach-Programmen, an Möglichkeiten für Kinder
auf die Beine stellt. Es lohnt sich immer, die jeweils aktuellen Angebote direkt im Museum zu erfragen.
   Erwähnt sei deshalb nur noch, dass auch private Geburtstagsfeiern
im Museum durch die Museumspädagogik organisiert werden können.

Alle Kinder mögen Dinos

Staatliches Museum für Naturkunde Museum am Löwentor
Rosenstein 1, 70191 Stuttgart

Wie kommt man hin?
Per VVS: Mit der S-Bahn-Linie S 4, S 5 oder S 6, Haltestelle „Nordbahnhof".

Mit der Straßenbahn-Linie 15, Haltestelle „Nordbahnhof", mit der Stadtbahn-Linie U 13 oder U 15 bis Haltestelle „Löwentor".

Per Pkw: Das Museum befindet sich am nordwestlichen Ring des Rosensteinparks. Parkplätze sind allerdings nur beschränkt vorhanden.

Geöffnet:	wie Schloss Rosenstein (siehe dort) Bei Sonderausstellungen sind geänderte Öffnungszeiten möglich.
Eintritt:	wie Schloss Rosenstein (siehe dort) Eventuell zusätzlich Unkostenbeiträge bei den Bastelprogrammen. Bei Sonderausstellungen sind geänderte Eintrittspreise möglich.
Infos:	Pforte, Telefon 07 11/89 36-0, Museumspädagogik Löwentor, Telefon 07 11/89 36-1 26
Internet:	www.naturkundemuseum-bw.de/stuttgart

Tipp:
Mindestens einmal im Monat (an einem Dienstag) gibt es ein Bastelprogramm oder eine Führung für Kinder. Themen der Kindernachmittage werden im Monatsprogramm des Museums und in der Presse veröffentlicht. Auch im Internet kann man sich immer aktuell informieren. Als Mindestalter gilt in der Regel 8 Jahre.

Schloss Rosenstein

Das **Schloss Rosenstein** liegt auf einer Anhöhe oberhalb des Neckars, inmitten des ausgedehnten Rosensteinparks (s. Kapitel 3). Das prächtige klassizistische Gebäude wurde in den Jahren 1824 bis 1829 von Giovanni Salucci für König Wilhelm I. von Württemberg erbaut.

Heute bewohnen es Fuchs und Hase, Wal und Fisch, Frosch und Fliege: Das Schloss beherbergt nämlich die biologische Schausammlung, in der man etwas über Bau, Vielfalt und Evolution der Lebewesen in ihren angestammten Lebensräumen kennen lernt. Ungewöhnliche Einblicke, auch in Felsspalten und in den Boden, lassen Tiere entdecken, die man draußen nur mit sehr viel Glück je sehen könnte.

Vor dem Rosensteinmuseum

Regelmäßige Museumsstunden für Kinder ab 8 Jahren finden immer donnerstags um 15.00 Uhr statt. Sie stehen jeweils unter einem bestimmten Thema, das vorab im Veranstaltungskalender angekündigt wird. Da werden vielleicht einmal nur die Zähne eines Tieres betrachtet: „Zeig mir Deine Zähne und ich sag' dir, was du isst", heißt es dann. Oder es wird zum Thema „Fisch" gebastelt und gemalt.

Aber nicht nur Fernes und Fremdes ist interessant. Manchmal werden auch Tiere und Pflanzen draußen vor der Tür, im Rosensteinpark, gesucht, beobachtet und bestimmt. Für Kinder ab 5 Jahren gibt es auch schon etwas, nämlich Vorlese- und Malstunden.

In der Regel dauert so eine „Museumsstunde" 1 bis 1,5 Stunden. Nur Ferienprogramme sind auch einmal länger. Sonderaktionen werden rechtzeitig vorab im Zweimonatsprogramm angekündigt.

Abgesehen vom Eintritt ins Museum sind die Museumsstunden meist kostenlos. Bei themenbezogenen Sonderführungen, die nach Absprache eigens für Kindergruppen oder Schulklassen erfolgen, wird pro Teilnehmer ein Unkostenbeitrag erhoben.

Staatliches Museum für Naturkunde Schloss Rosenstein
Rosenstein 1, 70191 Stuttgart

Wie kommt man hin?
Per VVS: Mit der S-Bahn-Linie S 1, S 2 oder S 3, Haltestelle „Bad Cannstatt".

Mit der Stadtbahn-Linie U 1 oder U 2, Haltestelle „Mineralbäder"; mit der U 14, Haltestelle „Wilhelma",

Per Pkw: Das Museum, das mitten im Rosensteinpark liegt, ist nicht direkt mit dem Auto erreichbar. Parkplätze gibt es im Wilhelmaparkhaus oder bei den Mineralbädern (Am Schwanenplatz).

Geöffnet:	dienstags bis freitags	9.00 – 17.00 Uhr
	samstags,	
	sonn- und feiertags	10.00 – 18.00 Uhr

Eintritt:	Erwachsene	EUR	4,00
	Schüler/ermäßigt	EUR	2,00
	Familien	EUR	8,00
	Schüler in Klassenverbänden	EUR	1,00
	Kinder (unter 6 J.)		frei

12-Monats-Karte für beide Museen:

	Erwachsene	EUR	15,00
	Schüler	EUR	8,00
	Familien	EUR	30,00

| Infos: | Pforte, Telefon 07 11/ 89 36-0, Fax /89 36-1 00; |
| | Museumspädagogik, Telefon 07 11/89 36-2 63; |

| Internet: | www.naturkundemuseum-bw.de/stuttgart |

Linden-Museum, Staatliches Museum für Volkskunde

Das **Linden-Museum** ist nicht etwa nach einem Baum benannt, sein Name rührt vielmehr von seinem Gründer her, Karl Graf von Linden (1838 bis 1910). Seit dem Ausbau seiner Sammlungen, besonders vor und nach dem Zweiten Weltkrieg, ist es zu einem der wichtigsten völkerkundlichen Museen Mitteleuropas geworden. Doch das sagt noch nichts darüber, wie spannend es hier ist. Für Kinder und Erwachsene. Für beide ist es eine Welt- und eine Zeitreise zugleich. Die pure Aufzählung seiner regionalen Abteilungen (Nordamerika, Südamerika, Südsee, Afrika, Orient, Süd- und Ostasien) lässt nicht im entferntesten ahnen, wie interessant und spannend das Museum schon ohne Führung ist. Rein durch die hervorragende Art, wie es seine Besucher mitten hinein in fremde Lebensräume stellt und fremde Kulturen, vergangene ebenso wie bestehende, sinnlich erlebbar macht. Da ist ein japanisches Teehaus mit Garten, ein farbenprächtiger tibetischer Altarraum und sogar ein afrikanischer Maskenumzug. Man glaubt die Stimmen und Gesänge geradezu zu hören und die bebende Erde im Rhythmus der Tänzer zu spüren. Genauso lebendig sind in diesem Museum die Kinderführungen.

Vielleicht beginnt die Kinderführung damit, dass die Kinder in einem der im Museum aufgebauten Häuser sitzen. Wo auf dem Erdkugel-Wasserball, der herumgereicht wird, könnte es wohl solche Häuser geben? Warum bauen die Leute dort wohl gerade solche Häuser? Wie sehen die Menschen dort aus? Was essen sie und wie leben sie? Kinderführungen sind zugleich Heranführungen an Themen und an Kulturen. Das geht einher mit Erzählen, Schauen, aber auch eigenem Tun, Basteln zum Beispiel.

Von September bis Mai jeden Jahres werden Familienführungen gehalten. Diese Familienführungen richten sich an Eltern und Kinder ab 4 Jahren, dauern eine Stunde und finden jeweils am letzten Sonntag im Monat um 15.30 Uhr statt.

Von Oktober bis März jeden Jahres gibt es zusätzlich Familienprogramme für Erwachsene und ihre Kinder. Diese finden am zweiten Samstag im Monat von 14.00 bis 16.00 Uhr statt.

In den Oster-, Pfingst- und Herbstferien werden zweistündige Kindernachmittage für Kinder ab 8 Jahren angeboten.

Richtig rund geht es dann in den Sommerferien: Beim *„Hallo Kinder"*-Programm werden zu jeweils einem Thema parallel Programme für Kinder ab 8 Jahren, für Kinder ab 10 Jahren und für Erwachsene durchgeführt. Die dreistündige Veranstaltung (immer mittwochnachmittags) lässt dann unter dem Motto „Entdecken, Handeln, Kennenlernen" allen das Museum zum Erlebnisraum werden.

Mandalas malen im Museum

Etwas sei am Schluss noch erwähnt: Wer das Besondere sucht, kann im Linden-Museum auch Geburtstag feiern. Die einstündige, natürlich kostenpflichtige Führung wird dann speziell auf das Interesse des Geburtstagskindes und seiner Gäste abgestimmt.

Linden-Museum, Staatliches Museum für Völkerkunde
Hegelplatz 1, 70174 Stuttgart

Wie kommt man hin?
Per VVS: Mit der Bus-Linie 40, 42 oder 43, Haltestelle „Hegelplatz".

Mit der Stadtbahn-Linie U 9 oder U 14, Haltestelle „Keplerstraße", bzw. „Berliner Platz".

Per Pkw: Parkhaus „Katharinenhospital", Zufahrt über die Kriegsbergstraße.

Geöffnet:	dienstags bis sonntags	10.00 – 17.00 Uhr
	mittwochs	10.00 – 20.00 Uhr
	freitags	10.00 – 13.00 Uhr
Eintritt:	mittwochs	17.00 – 20.00 Uhr
	frei	
	Ansonsten bei *Dauerausstellungen*:	
	Erwachsene	EUR 4,00
	ermäßigt	EUR 3,00
	Kinder/Jugendliche (bis 13 J.)	frei

Bei *Sonderausstellungen*:

Erwachsene	EUR	3,00
ermäßigt	EUR	2,00
Kinder/Jugendliche (bis 13 J.)		frei

Familienprogramm:

Erwachsene	EUR	3,00
Kinder	EUR	2,00

„Hallo-Kinder"-Programm
(in den Sommerferien):

Erwachsene	EUR	3,00
Kinder	EUR	2,00

Kindernachmittag (nur für Kinder ab 8 J.):

Kinder	EUR	2,00
Kindergeburtstag: pro Stunde	EUR	60,00

Infos: Telefon 07 11/20 22-5 79, Fax /20 22-5 90, e-Mail: info@lindenmuseum.de; Führungsanmeldung Telefon /20 22-4 56;

Internet: www.lindenmuseum.de

Tipp:
Programmtermine werden im Veranstaltungskalender des Linden-Museums und in der Tagespresse veröffentlicht oder sind unter Telefon 07 11/20 22-3 zu erfragen.

Die offenen Programme des Linden-Museums erfordern für einzelne Familien oder Kinder keine Anmeldung. Termine für Gruppen dagegen müssen mindestens drei Wochen im Voraus vereinbart werden, und zwar dienstags 13.00 bis 17.00 Uhr oder mittwochs 9.00 bis 14.00 Uhr unter Telefon 07 11/20 22-5 79. Allgemeine Infos auch an der Pforte, Telefon 07 11/20 22-3.

Staatsgalerie

Es gibt eine Alte Staatsgalerie und eine Neue Staatsgalerie, die sich auch optisch deutlich unterscheiden. Die Alte Staatsgalerie, ein spätklassizistischer Bau (1838 bis 1848 erbaut) ist mit der postmodernen Architektur der 1979 bis 1984 durch den Architekten James Stirling erbauten Neuen Staatsgalerie verbunden. Sie vereinigen sich mit den optisch und räumlich in Verbindung stehenden Baukomplexen von Musikhochschule und Haus der Geschichte zu dem, was Stuttgart inzwischen stolz seine „Kulturmeile" nennt.

Die meisten Ausstellungen beginnen mittlerweile in der **Neuen Staatsgalerie**, so dass ihr Eingang zum Haupteingang geworden ist. Betritt man den Neubau, fällt einem als erstes der knallgrüne Fußboden auf. War der Architekt ein Fußballfan? Im Obergeschoss zeigt die Dauerausstellung Bilder und Skulpturen von verliebten, traurigen, tanzenden, arbeitenden oder badenden Menschen. Eine Landschaft setzt sich auch einmal aus Federn, Spaghetti, Lack und Hühneraugenpflaster zusammen. Man sieht Pferde aus blauen Kreisen oder außerirdische Wesen aus Holzstücken, wie man sie am Strand finden kann.

Über eine Brücke geht es hinüber in die **Alte Staatsgalerie**. Hier sehen die Bilder ganz anders aus. Manche zeigen Menschen, die in unseren Augen geradezu unglaublich gut angezogen sind. Wie haben die früher gelebt? Auf einem anderen Bild machen sich ein Affe, ein Papagei und ein Eichhörnchen über prächtig gemaltes Obst her. Manche Bilder sind über 500 Jahre alt. Wer schaut sich in 500 Jahren unsere Bilder an?

Freitags um 15.00 Uhr sind Kinderführungen; im Wechsel für jüngere Kinder von fünf bis sieben Jahren und ältere ab acht Jahren. In den Ferien aber sind zu allen Führungen Kinder ab fünf Jahren herzlich willkommen. „Ma(h)lzeit", heißt dann vielleicht einmal das Motto, bei dem nur Bilder angeschaut werden, wo es um „Essen und Trinken" geht, da allerdings von Rathgeb bis Picasso. Kinder erfahren so ganz nebenbei, dass es eine Bildsymbolik gibt, vor allem aber lernen sie, ein Bild wirklich zu sehen und zu verstehen. Jeden Monat steht ein anderes Thema an und eine kleine praktische Umsetzung, bei der Kinder selbst zum Stift oder Pinsel greifen, gehört bei der rund 1,5-stündigen Veranstaltung fast immer dazu. Und weil es dabei ganz ungezwungen zugeht, haben alle ihren Spaß und kommen gerne wieder.

Samstags um 15.00 Uhr gibt es dann noch Kinderführungen, zu denen Kinder ihre Eltern mitbringen dürfen. Solange die Kinder ihre eigene Führung haben, können die Erwachsenen ganz entspannt selbst neue Tendenzen oder alte Meister kennen lernen und am Ende hat man sich viel zu erzählen...

Zu Sonderausstellungen werden darüber hinaus, meist in den Ferien, oft in Zusammenarbeit, zum Beispiel mit dem Linden-Museum und/oder dem mupädi, in Workshops ein rund zweistündiges Programm mit erweitertem Praxisthemen angeboten.

Ja, und natürlich auch Kindergeburtstage kann man in der Staatsgalerie feiern! Anders als bei den regelmäßigen Kinderführungen ist für das Ferienprogramm, den Kindergeburtstag oder auch für Führungen für Grundschulklassen mit anschließendem Praxisteil eine frühzeitige Anmeldung erforderlich. Die jeweiligen Themen und Termine findet man im Tageskalender oder im Internet.

Staatsgalerie Stuttgart
Konrad-Adenauer-Straße 30 – 32, 70173 Stuttgart

Wie kommt man hin?
Per VVS: Mit der Stadtbahn-Linie U 1, U 2, U 4, U 9 oder U 14, Haltestelle „Staatsgalerie".
  Mit der Bus-Linie 40, 42 oder 43, Haltestelle „ Staatsgalerie".

Per Pkw: Parkmöglichkeiten in den Parkhäusern Staatsgalerie, Landesbibliothek, Landtag und Schlossgarten.

Geöffnet:	dienstags, mittwochs und freitags bis sonntags	10.00 – 18.00 Uhr
	donnerstags	10.00 – 21.00 Uhr
	Kunstnacht: jeden 1. Samstag/Monat	10.00 – 24.00 Uhr
Kinderführungen:	freitags und samstags	15.00 Uhr
Eintritt:	Erwachsene	EUR 4,50
	Kinder/Jugendliche (ab 14 J.)	EUR 2,50
	Schulklassen mit Führung	EUR 50,00
	mittwochs für alle	frei
	Nachmittagskinderführungen: zzgl. Materialkosten	EUR 1,00
	fürs Ferienprogramm	EUR 2,50
	Kindergeburtstag für Kinder von 7 bis 13 J., Dauer 90 Minuten:	EUR 80,00

Zu *Sonderausstellungen* können andere Öffnungszeiten und Preise gelten.

Infos: Auskünfte, auch über Kindergeburtstage, für Einzelne unter Telefon 07 11/2 12-40 65;

Schulklassen von außerhalb wenden sich zur Terminvereinbarung direkt an die Staatsgalerie, Telefon 07 11/2 12-40 57; Schulen im Stadtgebiet wenden sich an den mupädi.

Haus der Geschichte

Am 12. Dezember 2002 wurde das **Haus der Geschichte** Baden-Württembergs, kurz „Haus der Geschichte", als (vorerst) letztes Glied der Stuttgarter Kulturmeile eröffnet. Es zeigt auf rund 2 500 Quadratmetern Ausstellungsfläche die Geschichte des deutschen Südwestens vom Ende des 18. Jahrhunderts bis in die Gegenwart. Als Idee liegt der Wunsch zugrunde, so Ministerpräsident Erwin Teufel in seiner Eröffnungsrede, „nicht nur Geschichtskenntnisse zu vermitteln, sondern auch durch Geschichte Verständnis für die Gegenwart und damit auch eine tragfähige Basis für die Zukunft zu schaffen". Eine besondere Zielgruppe sind deswegen gerade auch Jugendliche. Das Haus der Geschichte will deshalb eng mit der Zentrale für politische Bildung, mit dem Besucherdienst des Landtags und mit den Schulen zusammenarbeiten. Es befindet sich derzeit auch ein Konzept für Kinderführungen (für Kinder von 6 bis 12 Jahren) in der Aufbauphase. Die ersten Schulklassen aber haben schon ihre positiven Erfahrungen mit dem Museum gemacht. Einem Museum, das trotz seiner schwierigeren Materie ein Museum für alle Sinne, ein Museum zum Anfassen ist: Wo über die Revolution von 1948 erzählt wird, schwankt der Boden, aufgesägte Baumstämme veranschaulichen den harten Alltag der Waldarbeiterin Germana Mäntele, 14 Koffer erzählen die Geschichte von Einwanderern nach und Auswanderern aus Deutschland...

Die Dauerausstellung selbst besteht aus zwei Hauptteilen, einer Chronologie und einem Themenpark. Am Anfang der Ausstellung steht das so genannte Baden-Württemberg-ABC. Es umfasst 26 historisch bedeutsame und für das Land charakteristische Gegenstände, Stimmen und Bilder, die auch erklärt werden. Im Themenpark wird nicht geführt, hier sollen die Besucher selbst auf Entdeckungsreise gehen. Wer mag, kann mit seinen Kindern hier vielleicht sogar einmal Geburtstag feiern.

Im Haus der Geschichte

i

Haus der Geschichte Baden-Württembergs
Konrad-Adenauer-Straße 16, 70173 Stuttgart

Wie kommt man hin?
Per VVS: Mit der Stadtbahn-Linie U 1, U 2, U 4, U 9 oder U 14, Haltestelle „Staatsgalerie".
   Mit der Bus-Linie 40, 42 oder 43, Haltestelle „Staatsgalerie".
Per Pkw: Parkmöglichkeit im Parkhaus unter der Staatsgalerie.

Geöffnet:	dienstags bis sonntags	10.00 – 18.00 Uhr	
	donnerstags	10.00 – 21.00 Uhr	
Eintritt:	Erwachsene	EUR	3,00
	ermäßigt	EUR	2,00
	Schüler		frei
	Familienticket	EUR	5,00

Kinderführungen: Gibt es vorerst nur für angemeldete Gruppen, max. 20 Personen. Die Kinder gehen durch den chronologischen Teil der Dauerausstellung und einen Teil des Themenparks. Ein beliebtes Thema ist „Kunst-Stück Schwarzwald, Natur und Umwelt";

Dauer: 1 Stunde
Preis: EUR 40,00/Gruppe
Infos und Anmeldung (3 Wochen vor dem gewünschten Termin) beim Besucherdienst, Frau Orlopp, Telefon 07 11/2 12-39 89);

Kindergeburtstage: Hier gibt es ein individuell zusammengestelltes Angebot aus spielerischen und informativen Elementen für max. 20 Kinder.

Dauer: nach Absprache
Preis: EUR 40,00/Stunde/Gruppe

Infos: Telefon 07 11/2 12 39 89, Fax /2 12 39 59;

Internet: www.hdgbw.de

Das „Grüne U" – die Parkanlagen Stuttgarts

Das „U" allein, wenn es nicht nur als Buchstabe im ABC gemeint ist, kennt man fast nur im Sprichwort. Sich kein X für ein U vormachen lassen meint, sich nicht übertölpeln zu lassen. Oder das „U" in U-Bahn. Was das heißen soll, weiß jeder. Was bloß könnte sich aber hinter dem „Grünen U" von Stuttgart verbergen? Die Antwort ist nicht schwer: Es sind Stuttgarts Parkanlagen, die sich, betrachtet man den Stadtplan, u-förmig um den Stadtkern schmiegen. Geschaffen wurde diese Aneinanderreihung von Parks anlässlich der IGA (der Internationalen Gartenausstellung) 1993. Ausgehend vom Schlossplatz über Oberen, Mittleren und Unteren Schlossgarten, den Rosensteinpark, den Leibfriedschen Garten, über den Wartberg hinauf zum Killesberg, und von dort noch einmal weiter über die Feuerbacher Heide bis zum Kräherwald, ziehen sich die Grünflächen, insgesamt rund acht Kilometer lang. Jeder dieser Parks ist anders und in jedem allein könnte man den ganzen Tag verbringen. Wer mag, kann sie aber auch einmal der Reihe nach, an einem einzigen Tag, erkunden und so seinen Lieblingsplatz herausfinden.

Schlossgarten

Der **Schlossgarten** erstreckt sich vom Schlossplatz bis hin zum Rosensteinpark. Man unterscheidet dabei den Oberen Schlossgarten, der bis zum Bahnhof reicht, den Mittleren sowie den Unteren Schlossgarten, die jeweils durch Fußgängerbrücken miteinander verbunden sind, und die von den Stuttgartern schlicht als „die (Grün-) Anlagen" bezeichnet werden.

Nur ein paar Schritte entfernt und parallel zur „Königstraße", der Stuttgarter Hauptgeschäftsstraße, liegt, im *Oberen Schlossgarten*, der *Eckensee*. Ein Abstecher dorthin, eine Pause zum Enten und Schwäne beobachten, lockert, auch wenn einmal das Einkaufen im Vordergrund stehen sollte, jeden Stadtbesuch wohltuend auf. Über den Steg am „Kleinen Haus", oder auch durch die Unterführung am Bahnhof, gelangt man in den *Mittleren Schlossgarten*. An einem schönen Sommersonntag herrscht auf den Wiesen fast schon Freibadatmosphäre und nicht nur Kinder kühlen sich die Beine in den verschiedenen Brunnen und Wasserfontänen, die es hier gibt. Zur Beliebtheit gerade dieses Parkabschnitts trägt dabei sicher auch der stets gut besuchte *Biergarten* sein Teil bei. Im so genannten *Landespavillon*, gleich rechts vom Steg aus dem Oberen Schlossgarten, finden oft und gerade auch für Kinder Veranstaltungen statt. Hinweise darauf entnimmt man der Tagespresse oder erfragt sie im i-Punkt. Gleich daneben steht das **Planetarium**. Eines der modernsten Planetarien der Welt übrigens. Unabhängig vom Wetter, der Sternenkonstellation und der geografischen Lage, denn unter die Kuppel wird auch an trüben Regentagen ein klarer Sternenhimmel und ein beliebiges Sternbild projiziert. Hier gibt es auch ein spezielles Programm für 5- bis 9-jährige Kinder. Monatlich steht ein jeweils anderes Programm, mit Themen wie „Der Drache Pippifax will die Sonne verschlingen" oder „Weißt du, wie viel Sternlein stehen?" Am besten, man kümmert sich vorab um Eintrittskarten, da die Kindervorstellungen meist ausverkauft sind und die normale Vorstellung für kleinere Kinder wohl doch zu kompliziert ist. Altersgerechte Programme gibt es darüber hinaus für Schüler aller Klassenstufen. Wichtig ist hier ebenfalls die rechtzeitige Voranmeldung, mindestens drei Wochen vor dem beabsichtigten Besuchstermin.

Vor dem Planetarium

Im *Unteren Schlossgarten* steht das Spielen im Mittelpunkt. Es gibt den Spielbereich mit Sand, Schaukeln und Rutschen, vor allem aber einer großen Kletterburg. Dicht beieinander liegen außerdem der *Verkehrsübungsplatz* (s. Kapitel 23), wo Kinder verkehrsgerechtes Verhalten einlernen und üben können, und das *Spielhaus*, wo für 6- bis 13-jährige Kinder unter dem Motto Spiel, Spaß und Spannung viel passiert. Es gibt zum Beispiel eine Kreativ- und eine Holzwerkstatt, aber auch den offenen Bereich für alles, was sonst noch Spaß macht. Am besten einfach mal vorbeischauen und das aktuelle Monatsprogramm erfragen, oder im „Luftballon" (s. Kapitel 23) nachschauen. In den Sommerferien ist schon ab 11.00 Uhr geöffnet, mit vielerlei Angeboten, die auch in „Hallo Kinder" der Stadt Stuttgart und in der Presse angekündigt werden. Einen Termin aber sollte sich kein Kind entgehen lassen, den Tag nämlich, an dem das große Kinderfest stattfindet (s. Kapitel 28).

Wie kommt man zum Schlossgarten?
Per VVS: Mit den S-Bahn-Linien S 1 bis S 6, Haltestelle „Hauptbahnhof (Arnulf-Klett-Platz)".

Mit den Stadtbahn-Linien U 5 bis U 7, Haltestelle „Schlossplatz".

Mit der Straßenbahn-Linie 15, Haltestelle „Schlossplatz".

Oberer, Mittlerer und Unterer Schlossgarten gehen ineinander über.

Eintritt: frei zugänglich

Carl-Zeiss-Planetarium
Willy-Brandt-Straße 25, 70173 Stuttgart

Wie kommt man hin?
Das Planetarium ist im Mittleren Schlossgarten und vom Bahnhof her zu Fuß in wenigen Minuten erreichbar.

Per VVS: Mit der U-Bahn-Linie 1, 2 oder 4, Haltestelle „Staatsgalerie", Ausgang Schlossgarten, Planetarium.

Vorführungen:	*Kinderprogramm*:	
	samstags und sonntags	14.00 Uhr
	Bei „normalen" Vorführungen haben Kinder unter sechs Jahren keinen Zutritt.	
	dienstags bis freitags	10.00 Uhr
	und	15.00 Uhr
	mittwochs und freitags zusätzlich	20.00 Uhr

samstags und sonntags		16.00 Uhr
und		18.00 Uhr

Laservisionen:
samstags   19.15 Uhr

Nach Beginn der Vorstellung ist aus technischen Gründen kein Einlass mehr möglich.

Eintritt: *Vormittagsvorstellungen*:
pro Person   EUR   3,00

Laservisionen:
pro Person   EUR   5,00

Übrige Vorstellungen:
Erwachsene   EUR   5,00
Kinder/ermäßigt   EUR   3,00

Infos: Auskünfte und Kartenreservierung
Telefon 07 11/1 62 92 15 (montags bis freitags 8.00 bis 12.00 Uhr und 14.00 bis 16.00 Uhr);

Internet: www.planetarium-stuttgart.de

Aktionstag im Spielhaus

Spielhaus
Unterer Schlossgarten (Postanschrift: Stuttgarter Jugendhaus e. V., Schlossstraße 56, 70176 Stuttgart)

Wie kommt man hin?
Achtung: Die Postanschrift lautet „Schlossstraße". Die aber liegt in der Innenstadt, weit entfernt vom Spielhaus. Das Spielhaus ist in den Unteren Anlagen.

Per VVS: Mit der Stadtbahn-Linie U 1, U 2, U 13 oder U 14, Haltestelle „Neckartor", „Stöckach" oder „Metzstraße".

Geöffnet:	montags bis freitags	13.00 – 18.00 Uhr
Preis:	Teilweise, meist geringe Unkostenbeiträge oder Kursgebühren.	
Infos:	Telefon 07 11/2 62 61 63, Fax /2 84 65 79;	
Internet.	www.spielhaus-stuttgart.de	

Rosensteinpark

Die „Berger Sprudler", in denen, ebenfalls anlässlich der schon erwähnten IGA die Stuttgarter Mineralwasservorkommen publikumsträchtig gefasst wurden, findet man im Rosensteinpark. Außerdem gibt es hier ebenfalls einen attraktiven Spielplatz, mit vielen Klettermöglichkeiten und einer Riesenrutsche. Da die beiden naturkundlichen Museen im Schloss Rosenstein und am Löwentor, die ja (s. Kapitel 2) viele Veranstaltungen für Kinder organisieren, ganz nahe sind, bietet es sich an, Museums- und Parkbesuch zu verbinden.

Wie kommt man zum Rosensteinpark?
Per VVS: Mit der S-Bahn-Linie S 4, S 5 oder S 6, Haltestelle „Nordbahnhof".
   Mit der Straßenbahn-Linie 15, Haltestelle „Nordbahnhof", mit der Stadtbahn-Linie 13, Haltestelle „Löwentor".

Per Pkw: Direkt am Rosensteinpark sind nur beschränkt Parkplätze vorhanden.

Eintritt:	Der Park ist frei zugänglich.

Spaß und Action garantiert!

Leibfriedscher Garten

Der **Leibfriedsche Garten**? Da werden vielleicht selbst alteingesessene Stuttgarter passen. Kaum jemand kennt ihn. Man erreicht ihn über einen Seilnetzsteg vom Rosensteinpark aus, beim „Löwentor". Im recht urwüchsigen und verwunschen wirkenden Park gibt es sogar eine *Ruine* (Villa Moser), einen *Erinnerungstempel* (Belvedere) und den *Aussichtshügel* („Leibfried" genannt) an der nordwestlichen Seite des Parks. Ansonsten ist Spielen pur angesagt, aber in solcher Umgebung dürfte das ja kein Problem sein...

Wie kommt man zum Leibfriedschen Garten?
Per VVS: Mit der Stadtbahn-Linie U 13 oder U 15, Haltestelle „Löwentor".

Mit der S-Bahn-Linie S 4, S 5 oder S 6, Haltestelle „Nordbahnhof".

Zu Fuß wie oben beschrieben.

Eintritt: Der Park ist frei zugänglich.

Wartberg

Auch den **Wartberg** erreicht man wieder über eine Brücke, dieses Mal vom Leibfriedschen Garten herüber. Doch beim Spielen ist hier keiner nur auf die eigene Phantasie angewiesen. Wasser in allen erdenklichen Formen lädt zum Plantschen ein. Da ist einmal der Egelsee, doch einen See hat man auch anderswo. Weit interessanter sind die Düsen, Wasserspeier und Fontänen in den *Wasserspielen* des Stuttgarter Bildhauers Hans Dieter Bohnet, wo sich immer etwas bewegen lässt. Kind kann und darf selbst experimentieren. Mit Schöpfrad, Wasserlöffel und dem Staubecken des Wasserspielplatzes. Wer dazu noch zu klein ist, kommt eben im Matschbereich auf seine Kosten.

Liebling aller Kinder, gleich welchen Alters, ist der *„Bergwart"*, der zugleich Spielplatz und Aussichtspunkt ist. Oben auf einem Klettergerüst steht eine Hütte, und aussehen tut sie wie ein Gesicht, mit Augen, Nase und Mund. Wer da hinauf will, muss sich anstrengen! Oben wartet dann das Beste: Durch die drehbar konstruierten „Augen" können Kinder alles genau beobachten, ohne selbst dabei gesehen zu werden.

Mit auf dem Parkgelände ist übrigens auch die *Ökostation VHS-Sinnesgarten*, doch dazu erfährt man an anderer Stelle (s. Kapitel 6) mehr.

Wie kommt man zum Wartberg?
Per VVS: Mit der Stadtbahn-Linie U 5 oder U 6, Haltestelle „Löwentorbrücke".
  Mit der S-Bahn-Linie S 4, S 5 oder S 6, Haltestelle „Nordbahnhof".

Oder zu Fuß wie oben beschrieben.

Eintritt: Der Park ist frei zugänglich.

Killesberg

Die Stuttgarter mögen den **Killesberg** und besuchen ihn so zahlreich, dass es manchen wiederum schon viel zu viel Trubel dort gibt. Trotzdem und trotz Messe, sie schließt (noch) direkt an ihn an, ist er für Fremde immer noch eine Art Geheimtipp, da er doch recht weit vom Stadtzentrum entfernt liegt. Auch bei einer Wanderung durch die Anlagen des „Grünen U's" fährt man das letzte Stück hierher besser, für Kinder wird es sonst zu weit zum Laufen.

Im Killesberg-Streichelzoo

Der Killesberg ist Stuttgarts ältester Park. Er wurde 1939, zur damaligen Reichsgartenschau, in einem bis dahin verwildertem Steinbruch angelegt. Wegen seiner opulenten *Blumenbeete*, den vielen, auch recht unterschiedlichen *Veranstaltungen* in den Sommermonaten, ist er vor allem bei Erwachsenen beliebt. Sind jedoch die richtigen Begleiter dabei, dann macht er auch Kindern Spaß. Es gibt nämlich einen *Streichelzoo*, wo Ziegen und Schafe, Ponys und Esel stehen, und den großen *Spielplatz*, wo es neben den üblichen Rutschen und Schaukeln eine Kletterburg mit Hängebrücke und anderem mehr gibt. Den größten Reiz, und da sind sich jung und alt dann wieder einig, hat die Fahrt mit dem „Zügle", oder wie es ganz offiziell heißt, der *„Stuttgarter Museums-Kleinbahn".* Mit einer Diesellok, die am Wochenende sogar unter Dampf steht, tuckert man so ganz ohne Anstrengung durch das Parkgelände. Und wer mag, überschaut das ganze hinterher noch einmal vom *Aussichtsturm* herunter, der auch rein optisch durch seine lichte und interessante Konstruktion besticht.

Bekannt und beliebt ist, vor allem bei Eltern mit kleineren Kindern, das *„Theater in der Badewanne".* Seine Vorstellungen sind teilweise schon für Kinder ab 4 Jahren geeignet. Es gibt verschiedene, monatlich wechselnde Programme, im Juli auch eine spezielle Märchenfestwoche. In den Sommerferien erfreuen sich Jung und Alt an *Eliszi's Jahrmarkt.*

Höhenpark Killesberg
Am Kochenhof 16, 70192 Stuttgart

Wie kommt man hin?
Per VVS: Mit der Stadtbahn, Messelinie U 7, Endstation „Killesberg Messe".

   Mit der Bus-Linie 43, Haltestelle „Killesberg Messe".

Per Pkw: Der Killesberg ist ausgeschildert. Bei Messen sind allerdings die Parkplätze knapp.

Eintritt:	frei
Internet:	www.killesberg.de

Auf großer Fahrt im kleinen Zug

Stuttgarter Museumskleinbahn (SMK)

Fahrzeiten:	Ende April bis Anfang Oktober bei gutem Wetter nach Bedarf, ohne feste Abfahrtszeiten	
	sonntags und mittwochs	10.00 – 18.00 Uhr
	übrige Tage	13.00 – 18.00 Uhr
	in den Sommerferien	10.00 – 18.00 Uhr

Fahrpreis:	Erwachsene	EUR	2,60
	ermäßigt	EUR	2,10
	Kinder (3 bis 14 J.)	EUR	1,50

Infos:	Telefon 07 11/2 57 39 62

Internet:	www.killesberg-kleinbahn.de

Kindertheater „Theater in der Badewanne"
Stresemannstraße 39, im Höhenpark Killesberg

Eintritt:	für alle	EUR	4,00
	mit Familienpass für alle	EUR	3,00

Infos:	Auskünfte und Kartenvorbestellungen Telefon 07 11/ 2 57 38 25, Fax /3 16 66 62;

Internet:	www.theater-in-der-badewanne.de

Eliszi's Jahrmarktstheater
Historischer Jahrmarkt bei der Seen-Terrasse auf dem Killesberg mit Karussell, Schiffschaukel, Kettenflieger...

Geöffnet:	während der Sommerferien in Baden-Württemberg	
	werktags	ab 14.00 Uhr
	sonntags	ab 11.00 Uhr

Infos:	Telefon 07 11/2 57 28 15

Aussichtspunkte rund um Stuttgart

Eugensplatz und Uhlandshöhe

Stuttgarts „City" liegt im Tal, ringsum von Höhenzügen eingeschlossen. Von oben gesehen könnte man das mit einem Kochtopf, früher nannte man den auch einen Kessel, vergleichen. Man sagt deshalb, Stuttgart habe eine Kessellage. Um das zu erkennen, muss man hinauf auf die umgebenden Anhöhen. Am direktesten, schnellsten und einfachsten geht das über Treppen. Doch dazu braucht es Kondition. Vielleicht haben die Schwaben deshalb ihre unzähligen Treppen und Treppchen zu „Stäffele" verniedlicht? Sicher jedenfalls ist, dass es davon so viele gibt, dass die Stuttgarter von ihren Nachbarn in der Umgebung scherzhaft als „Stäffelesrutscher" bezeichnet werden. Und deshalb muss man wenigstens einmal auch selbst solche „Stäffele" bewältigen.

Am Eugensplatz

Und so geht man los: Aus der *Innenstadt* durch die Unterführung rechts vom „Großen Haus" und dann immer geradeaus aufwärts. Stufe um Stufe. Etappenziel ist der *Eugensplatz*. Von seiner kleinen Aussichtsplattform genießt man einen weiten Blick über die Stadt. Am besten, man macht sich gegen Abend auf den Weg zum Eugensplatz, wo es, sagt man, die beste Stuttgarter Eisdiele (im Winterhalbjahr geschlossen) geben soll und auch den schönsten Brunnen Stuttgarts. Weiter geht es dann die „Haußmannstraße" hinauf und geradeaus weiter, bis es rechts (ausgeschildert), teils ohne, teils mit weiteren „Stäffele" hinauf auf die *Uhlandshöhe* geht. Wieder sieht man von dort über die Stadt, allerdings nach zwei Seiten: über die Innenstadt, aber auch auf der anderen Seite hinunter in den Osten der Stadt. Den Namen hat dieser Punkt vom schwäbischen Dichter Ludwig Uhland (1787 bis 1862), dessen Büste auch in dem kleinen Park zu finden ist. Im Herbst sieht man Drachen jeder Art, denn die Uhlandshöhe ist schon immer einer der beliebtesten Plätze in der Stadt um diese steigen zu lassen (s. Kapitel 25). Kommt man an einem schönen Sommerabend herauf, lohnt, ein Besuch der *Sternwarte*. Schließlich sieht man nicht alle Tage „echte" unzählige Lichtjahre entfernte Sterne und Galaxien so zum Greifen nahe. Leider ist sie nur in klaren Nächten besetzt und auch nur dann zugänglich. Kommt man tagsüber, ist es auch nicht verkehrt. Ein *Spielplatz* und ein *Minigolfplatz* sind dann Lohn der Mühe. Wer mag, setzt anschließend den Ausflug ganz hinauf zum Fernsehturm fort. Dazu geht man am Minigolfplatz, dem relativ neuen kleinen *Aussichtsturm* und am *Werkstatthaus*, einer Außenstelle des Jugendhauses mit Kursen in allen künstlerischen Bereichen für Kinder, Jugendliche und junge Erwachsene, vorbei, hinunter zur Haltestelle „Heidehof".

Wer aber zurück in die Innenstadt will, kann dies noch einmal auf anderen „Stäffele" tun. Dazu geht man von der Uhlandshöhe aus ein Stück weit den gleichen Weg wie zur Haltestelle, also am *Minigolf* und rechts am *Aussichtsturm* vorbei, hinunter zum *Werkstatthaus*. Rechts daran vorbei kommt man zur *Haltestelle*, bleibt nun aber rechts und geht geradeaus, die „Gerokstraße" hinunter. Direkt in der Linkskurve der Straße trifft man auf die erste Gruppe etlicher Stäffele, die vorbei an der *Jugendherberge* in der „Kernerstraße" endet. Nur unterbrochen durch die „Werastraße", die „Schützenstraße" und zuletzt die „Urbanstraße" geht es immer geradeaus, über jeweils weitere Staffeln bis ganz hinunter in die *Innenstadt*, die man bei der *Staatsgalerie* wieder erreicht.

Wie kommt man hin?

Per VVS: Ausgangspunkt ist die Haltestelle „Charlottenplatz", wo die Stadtbahn-Linien U 1, U 2, U 4, U 5, U 6, U 7, U 12 und die Straßenbahn-Linie 15 halten. Ab Eugensplatz links, die Haußmannstraße entlang, bis rechts die Straße Zur Uhlandshöhe abgeht. Zurück, bzw. weiter zum Fernsehturm, geht es dann von der unterhalb des Werkstatthauses, am anderen Ende der Uhlandshöhe, gelegenen Haltestelle „Heidehof" mit der Straßenbahn-Linie 15.

Schwäbische Sternwarte e. V.
Zur Uhlandshöhe 41, 70188 Stuttgart

Wie kommt man (direkt) hin?
Per VVS: Mit der Straßenbahn-Linie 15 ab „Arnulf-Klett-Platz"
bis Haltestelle „Eugensplatz", weiter, wie beschrieben, zu Fuß.
Oder mit kleinerem „Anmarsch" ab Haltestelle „Heidehof".

Führungen:	*Sternführungen* finden nur bei klarem Himmel statt.		
	montags und mittwochs bis samstags,		
	je nach Jahreszeit		ab 20.00 Uhr
	sonn- und feiertags		geschlossen

Kinderführungen finden in den baden-württembergischen Sommerferien in statt. Sie sind geeignet für Kinder von 6 bis 14 Jahren (Papier und Buntstifte mitbringen!). Anmeldung erforderlich unter Telefon 07 11/2 26 08 93 (AB), schriftlich in der Geschäftsstelle Seestraße 59 A, 70174 Stuttgart oder per e-Mail: fuehrung@sternwarte.de.

Eintritt:	*Sternführung*		
	Erwachsene	EUR	3,00
	Kinder	EUR	2,00
	Familien	EUR	7,00
	Kinderführung		
	Kinder	EUR	1,00
Infos:	Telefon 07 11/28 18 71 (Auskunft nur zu Führungszeiten)		
Internet:	www.sternwarte.de		

Werkstatthaus
Einrichtung des Stuttgarter Jugendhaus e. V., Gerokstraße 7, 70188 Stuttgart

Geöffnet:	dienstags	17.00 – 23.00 Uhr
	mittwochs bis samstags	14.00 – 23.00 Uhr
	Café:	
	dienstags bis samstags	17.00 – 23.00 Uhr
Infos:	Telefon 07 11/24 18 49, Fax /2 36 60 10;	
Internet:	www.werkstatthaus.net	

Fernsehturm

Aus der Innenstadt, vom „Charlottenplatz" aus, oder als Fortsetzung des Ausflugs zur Uhlandshöhe, dann ab Haltestelle „Heidehof", gelangt man mit der Straßenbahn-Linie 15 zur Haltestelle „Ruhbank". Von hier aus ist es nur ein kleiner Spaziergang bis zum **Fernsehturm**.

   Der Fernsehturm, der heute recht bieder wirkt, ist unverkennbar ein „Kind" der 1950er Jahre, 1956 entstanden nach Plänen von Fritz Leonhardt. Damals allerdings war er ein geradezu bahnbrechendes Bauwerk. Der erste Fernsehturm der Welt nämlich, der aus Stahlbeton errichtet wurde. Kein Wunder, dass er damit auch zu einem der beliebtesten Wahrzeichen Stuttgarts wurde. Da er mit seinen 217 Metern immer noch Stuttgarts höchster Turm ist und es nicht nur Kinder begeistert in 44 Sekunden zur rund 153 Meter hochgelegenen Besucherplattform hinaufzusausen, ist er nach wie vor beliebtes Ziel mit weiter Aussicht.

   Rund um den Fernsehturm liegen viele Sportanlagen (unter anderem auch der Heimspielplatz der „Stuttgarter Kickers"), die meisten davon bewirtschaftet und öffentlich zugänglich.

Gut verbinden lässt sich der Ausflug zum Fernsehturm mit dem zum „Haus des Waldes" (s. Kapitel 6). Anschließend spaziert man weiter, hinein nach Degerloch, wo man zum Beispiel mit der „Zacke" (s. Kapitel 5) in die Stadtmitte zurückfahren kann.

Mit der „15" zum Fernsehturm

Fernsehturm
Jahnstraße 120, Stadtteil Degerloch

Wie kommt man zum Fernsehturm?
Per VVS: Mit der Stadtbahn-Linie U 7 oder der Straßenbahn-Linie 15 bis Haltestelle „Ruhbank". Von dort sieht man den Turm.

Per Pkw: Es gibt viele Parkplätze im Gebiet um den Fernsehturm.

| **Geöffnet:** | täglich | 9.00 – 22.30 Uhr |
| | 24. Dezember geschlossen | |

| **Eintritt:** | Erwachsene | EUR | 3,00 |
| | Kinder (3 bis 13 J.) | EUR | 2,00 |

Infos: Verwaltung Fernsehturm-Betriebs-GmbH,
Jahnstraße 120, 70597 Stuttgart,
Telefon 07 11/23 25 97, Fax /8 60 27 17;

Internet www.fernsehturm-stuttgart.com

Birkenkopf – „Monte Scherbelino"

Birkenkopf, das ist nur der höchst offizielle Name dieses Aussichtspunkts im Stuttgarter Westen. Besser kennt man ihn hier in Stuttgart als „**Monte Scherbelino**", manchmal auch noch als den „Tränenberg". Warum? Das ist, im wahrsten Sinn des Wortes, Geschichte.

1950 war der Berg 471 Meter hoch; zwei Jahre später wurden 511,2 Meter über Normal Null, wie es geographisch richtig heißt, gemessen. Der Berg musste also um gut 40 Meter angewachsen sein. Dafür gibt es einen Grund. Einen traurigen. Stuttgart wurde im Zweiten Weltkrieg in 53 Luftangriffen zu 45 Prozent zerbombt. Diesen Bauschutt, der bei den Aufräumungsarbeiten und dem Neuaufbau Stuttgarts anfiel, ungeheure 15 Millionen Kubikmeter Bauschutt, brachte man in endlosen Lastwagenkolonnen auf den Birkenkopf. Dort, am „Tränenberg", wo die „Trümmer" vom Leid vor allem der Zivilbevölkerung erzählen.

Für Kinder besonders spannend sind die Steinquader mit ihren Ornamenten immer dann, wenn sie von jemandem begleitet werden, der ihnen anhand dieser Steine erzählen kann, zu welchen Häusern, zum Beispiel in der Reinsburgstraße in Stuttgart, diese gehörten. Wann genau bzw. durch wen die dem Italienischen nachempfundene Verballhornung vom „Monte Scherbelino" entstanden ist, weiß heute keiner mehr so richtig. Doch das ist auch egal. Inzwischen ist der Berg begrünt. Ein Serpentinenpfad führt zu seinem Gipfel, wo ein einfaches Kreuz, aber auch die bewusst und eindringlich aufgetürmten Steine an die Schrecken des Krieges mahnen sollen.

An klaren Tagen bietet sich von hier oben eine weite Sicht nach allen Seiten. Um die flache Kuppe ist ein Wall mit großen Quadern zu mit Eisenträgern gesicherten Trümmern aufgeschüttet. Viel Wald mit schönen Wanderwegen ermöglicht zudem, den Ausflug etwas auszudehnen.

Wie kommt man zum „Monte Scherbelino"?
Per VVS: Ab ZOB Stuttgart mit der Bus-Linie 92 in Richtung Leonberg, Haltestelle „Birkenkopf".

Per Pkw: Aus der Stadtmitte über die Rotenwaldstraße. Parkmöglichkeiten bestehen an der Rotenwald- und der Geißstraße.

Geschichte und Spaß: Der „Monte Scherbelino"

In ungewöhnlichen Verkehrsmitteln unterwegs

Sowohl die **Standseilbahn** als auch die **Zahnradbahn**, letztere übrigens liebevoll „Zacke" genannt, sind historische Verkehrsmittel, also allein schon deshalb interessant. Aber das ist noch nicht alles. Beide dürfen für sich in Anspruch nehmen, innerhalb Deutschlands einzigartig zu sein. Die Seilbahn, weil sie die einzige Standseilbahn Deutschlands innerhalb eines Stadtgebiets ist, und die „Zacke", weil sie die einzige innerstädtische Zahnradbahn der Bundesrepublik ist, die im Linienverkehr fährt. Sie beide zu einem einzigen Ausflug zu verbinden, das hat seinen Reiz. Es empfiehlt sich dabei auf jeden Fall, dies mit der GruppenTageskarte der VVS zu tun.

Bitte einsteigen und Türen schließen!

Bei Redaktionsschluss stand fest, dass die Seilbahn einer umfassenden technischen Renovierung unterzogen werden soll. Es war noch nicht klar, wie lange dies dauern wird und zu welchem Zeitpunkt. Wer den Ausflug also machen will, sollte sich vorab noch einmal informieren, wie weit die Sache gediehen ist, um nicht enttäuscht zu werden.

Ausgangspunkt dieses Ausflugs quer durch die Stadt ist die **Karlshöhe**. Schon gleich nach dem Eingangsbereich finden sich drei ausgedehnte Spielbereiche, die zum Teil ineinander übergehen. Welchen der Wege hinauf man wählt, ist eigentlich egal. Erstes Ziel ist die *Aussichtsterrasse*, die im Sommer auch bewirtschaftet ist, und von der aus man einen schönen Blick über das westliche Stuttgart hat. Dort hat einmal die Reinsburg gestanden. Glaubt man zumindest, auch wenn dies nur vage belegt ist und auch keinerlei Reste (mehr?) vorhanden sind. Dann geht es noch weiter hinauf. Durch ein Tor erreicht man den ehemaligen Steinbruch – mit dem die These, es sei eine Burg vorhanden gewesen, gestützt wird – der aber heute auch deshalb interessant ist, weil er zu einem weiteren Spielplatz umgewandelt wurde. Ihn durchquert man diagonal. Am anderen Ende führt ein asphaltierter Serpentinenweg bergab, weiter durch den Park. Doch für den geplanten Ausflug orientiert man sich an diesem Weg nur, um den längs einer Mauer ebenfalls bergab führenden unscheinbareren Weg zu finden, den man zur *„Hasenbergsteige"* hinab geht. Doch dort angekommen, muss man gleich wieder bergauf: Man quert zweimal die Straße, findet an einem Straßenschild bereits als Wanderzeichen einen *blauen Balken* und folgt die steile *„Hasenbergsteige"* hinauf bis, nach circa 700 Metern, nach links der „Friedrich-Wertz-Weg" abzweigt, der wieder mit einem *blauen Balken* markiert ist. Er verläuft durch blühende Gärten und gibt stellenweise den Blick ins Heslacher Tal frei. Wenn er später (nach einer Schranke) im Wald verschwindet und um eine weitere der Stuttgarter Klingen herumführt, die „Heslacher Wand", will man kaum glauben, dass man erst vor kurzem mitten in der Stadt zu diesem Ausflug aufgebrochen ist. An einer Wegkreuzung weist eine Tafel den Weg nach Heslach hinunter, zur Straßenbahn, die man auf dem „Sandweg", die *„Heidenklinge"*, erreicht. Sandsteinschichten werden auch wirklich immer wieder auf dem Weg sichtbar.

Früher, als man noch keinen „Meister Proper" zum Putzen hatte, man die Böden nicht wischte, sondern „scheuerte", tat man dies mit Sand. Einem besonderen, feinkörnigen Sand, den man als Stein nach seiner Verwendung „Stubensandstein" nannte.

Nach links geht es dann über die *Bahnbrücke*, ehe man, immer geradeaus hinunter, rasch die ersten Häuser erreicht. Über die „Leonberger Straße" treppab ist schließlich die Haltestelle „Südheimer Platz" erreicht. Rechts davon geht es übers Gleis und auch drüben noch einmal rechts zur **Talstation** der **Seilbahn**.

Beide Wagen der Standseilbahn stammen noch aus dem Jahr 1929, in dem die Bahn ihren Betrieb aufnahm. Die größte Steigung, und das sind nicht weniger als ganze 28,2 Prozent, muss sie gleich zu Anfang schaffen. Kein Hindernis für die Bahn, drei Meter pro Sekunde bergauf oder bergab zu fahren! 86 Meter Höhenunterschied gilt es, auf der insgesamt 536 Meter langen Strecke zu überwinden. Und in noch etwas darf man sich durch ihr altertümliches Aussehen nicht täuschen lassen: Auch wenn es aussieht, als würde der abwärts fahrende Wagen den anderen nach oben ziehen, tatsächlich fahren beide unabhängig voneinander durch Motorkraft.

Nach dem leider kurzen Fahrvergnügen, geht es ab der Bergstation wieder zu Fuß weiter. Erst links die Zufahrtsstraße zum *Waldfriedhof* hinaus, dann via Überweg über die „Karl-Kloß-Straße". Auf der anderen Seite folgt man zunächst dem Weg zum *Dornhaldenfriedhof*, geht aber außen um ihn herum. Das merkwürdige Gemäuer, halb Turm, halb Burg und doch keines von beidem, das links aus dem Wald ragt, hat eine ganz banale Funktion: Es dient zur Entlüftung des darunter liegenden Straßentunnels. Der Weg führt geradeaus weiter, an einem *Teich* vorbei, mit der Wegmarkierung *Stuttgarter Rössle*. Erst beim sternförmigen Zusammentreffen etlicher Wege gilt es, sich neu zu orientieren. Der richtige Weg führt geradeaus bergauf, oben zeigen sich bereits die ersten Häuser des *Stadtteils Degerloch*, und endet in der „Josephstraße" direkt am Eingang zum *U-Bahnhof*. Ihn durchquert man, steigt an der „Epplestraße" die Treppe hinauf und kann oben direkt in die **„Zacke"** einsteigen, die seit dem Bau dieses Stadtbahnbahnhofs vor einigen Jahren schon hier und nicht erst vom eigentlichen Zahnradbahnhof aus zu ihrer Fahrt zurück ins *Zentrum* von *Stuttgart* startet.

Die „Zacke" verfügt über moderne Wagen und verkehrt im Linienverkehr. Als Verkehrsmittel aber ist sie älter als die Seilbahn, wurde sie doch bereits 1884 gebaut, um Degerloch an die Stadt anzubinden. Während der Fahrt abwärts hat man einen herrlichen Blick auf die Stadt. Und am *Marienplatz*, der Talstation, wo noch relativ viel von der alten Bebauung erhalten geblieben ist, bekommt man obendrein sogar noch so etwas wie eine Ahnung davon, wie sie früher einmal ausgesehen hat, die Stadt zwischen Wald und Reben.

Da kommt die „Zacke"!

Wie kommt man zur Karlshöhe?
Per VVS: Mit der Bus-Linie 41 ab „Charlottenplatz" bis Haltestelle „Marien-/Silberbergstraße". Der Eingang in den Park Karlshöhe liegt genau an der Bushaltestelle.

Per Pkw: Es gibt nur wenige Parkmöglichkeiten in einiger Entfernung.

Wo verkehrt die Standseilbahn?
Vom Südheimer Platz zum Waldfriedhof.

Fahrtdauer:	3 Minuten

Fahrzeiten:	werktag	
	Oktober bis März	6.25 – 19.41 Uhr
	April bis September	9.05 – 19.41 Uhr
	sonn- und feiertags	9.05 – 19.41 Uhr

In 15-minütiger Zugfolge bzw. nach Bedarf.

Wo verkehrt die Zahnradbahn „Zacke"?
Vom Zahnradbahnhof Marienplatz zum Zahnradbahnhof Degerloch.

Fahrtdauer:	8 Minuten

Fahrzeiten:	täglich (außer sonntags)	5.15 – 21.00 Uhr
	sonntags	6.15 – 21.00 Uhr
	In 15-minütiger Zugfolge.	

Weglänge:	Wanderung ohne Fahrstrecken: ca. 7 km

Tipps:
Wer noch Zeit und Lust hat, der kann die Gelegenheit nutzen,
und noch einmal nach oben fahren. Die Fahrt zurück in die
Stadtmitte ist nämlich noch auf einer anderen Strecke sehr reizvoll: Die „Neue Weinsteige" hinunter, die aus der Stadtbahn-Linie U 5 oder U 6 eine schöne und weite Sicht in den Stuttgarter
Talkessel ermöglicht.

Die „Zacke" kann auch zur Anfahrt zu anderen Zielen dieses
Buches, zum Beispiel zum Fernsehturm (s. Kapitel 4) oder zum
Haus des Waldes (s. Kapitel 6) benutzt werden.

Haus des Waldes und VHS-Sinnesgarten

Wie viele Sinne hat der Mensch? Am leichtesten ist die Antwort über das Sprichwort: „Er hat nicht mehr alle fünf Sinne beieinander". Fünf also. Und dann zählt man an den Fingern ab. Sehen, Hören, Riechen, Schmecken und Tasten. Aber sind die auch alle noch so richtig vorhanden? Am besten, man probiert das einmal aus. Im „Haus des Waldes" oder im „VHS-Sinnesgarten". Auf zwei Ausflügen in zwei ganz verschiedene Richtungen Stuttgarts. Was ja aber kein Fehler ist. Ganz im Gegenteil.

Haus des Waldes

Beim „**Haus das Waldes**" gibt der Name allein nicht im entferntesten wieder, wie spannend es dort ist. Was also gibt es dort zu erleben? Zum Beispiel gibt es „Tastboxen", in denen man ganz unterschiedliche Dinge ertasten muss und es ist immer wieder erstaunlich, wie viel Überwindung einem ein solcher Griff ins Unbekannte abfordert. Es gibt einen „Hörbaum" mit verschiedenen Tiergeräuschen und auch die anderen Sinne sind noch gefordert. Am „Waldbaum-Kicker" schließlich gilt es herauszufinden, warum eigentlich Bäume gefällt werden müssen.

Alles rund ums Thema „Wald", also auch die Tiere des Waldes sowie die Funktionen des Waldes und damit auch seine Nutzung werden den kleinen Besuchern kindgerecht nahe gebracht. „Erleben, Begreifen, Erfahren" heißt das ganz wörtlich gemeinte Motto dieser Einrichtung, die in gemeinsamer Trägerschaft mit der Landesforstverwaltung Baden-Württemberg und der Schutzgemeinschaft Deutscher Wald (SDW) unterhalten wird. Die Ausstellungen und Einrichtungen stehen zu den angegebenen Öffnungszeiten, im Sommer zusätzlich bei Sonderveranstaltungen, natürlich auch Einzelfamilien zur Verfügung. Angestrebt ist aber vor allem die Zusammenarbeit mit Schulen. In Absprache mit den Lehrern werden dabei die Themen festgelegt. Die Zeitdauer einer Schulveranstaltung hängt hauptsächlich vom Thema und der Klassenstufe ab. Halb- und ganztägige Veranstaltungen sind die Regel. Das „Haus des Waldes" liegt stadtnah und doch mitten im Wald. Es bietet Erlebnismöglichkeiten im Haus selbst durch seine Ausstellungen und durch seinen Innenhof, wo es verschiedene Kleinbiotope gibt, aber auch draußen, zum Beispiel auf dem *Walderkundungspfad*.

Die Märchenwand im Haus des Waldes

Haus des Waldes
Königsträßle 74, 70597 Stuttgart (Degerloch)

Wie kommt man hin?
Per VVS: Mit der U-Bahn-Linie 7 Richtung Degerloch bis Haltestelle „Waldau", anschließend noch circa 15 Minuten Fußweg.

Eine andere Möglichkeit ist die Linie 15 Richtung Ruhbank bis Endhaltestelle „Ruhbank", anschließend ebenfalls circa 15 Minuten zu Fuß.

Per Pkw: Aus Richtung Tübingen/Reutlingen über die B 27, vor Beginn der Talfahrt an der Neuen Weinsteige in Degerloch, rechts abbiegen, die Jahnstraße vor und an der Abzweigung Königsträßle nach rechts bis zu den Parkplätzen, die nach den Sportplätzen der Stuttgarter Kickers auf der rechten Seite liegen. Über einen Waldweg gelangt man dann zum „Haus des Waldes".

Geöffnet:	Februar bis Dezember	
	dienstags bis freitags	9.00 – 17.00 Uhr

	am 1. und 3. Sonntag im Monat	10.00 – 17.00 Uhr

Waldausstellung:

	montags bis donnerstags	9.00 – 16.00 Uhr
	freitags	9.00 – 13.00 Uhr

Eintritt: zur Ausstellung frei

Für Schulveranstaltungen wird ein Unkostenbeitrag, abhängig von Art und Dauer, erhoben.

Infos: Telefon 07 11/9 76 72-0, Fax /9 76 72-72, e-Mail: HausdesWaldes.Stuttgart@forst.bwl.de;

Internet: www.hausdeswaldes.de

Tipps:

Nur wenige Gehminuten entfernt, bietet sich ein schöner Waldspielplatz mit Grillmöglichkeit für eine Verlängerung des Ausflugs an.

Und auch der Fernsehturm ist von hier aus rasch erreicht (s. Kapitel 4).

Es gibt auch verschiedene Programme für Kindergeburtstage (s. Kapitel 27).

VHS-Sinnesgarten

Sinnesgarten – schon der Name ist Programm. Alle Sinne sind gefragt. Auf dem „Riechpfad" zum Beispiel, wo verschiedene Kräuter anhand ihres Duftes erraten werden sollen, oder beim „Handfühlpfad", wo Finger in einem dunklen Loch ganz und gar geheimnisvolle Dinge zu ertasten haben. Der Sinnesgarten ist für Einzelne kostenlos zugänglich, kann aber nur betreten werden, wenn der VHS-Garten besetzt ist; man ruft also am besten vor einem Besuch in der Ökostation noch einmal an.

Ein ganz besonderer Spaß ist es, hier einmal Kindergeburtstag zu feiern. Auch dafür sollte man frühzeitig einen Termin absprechen.

Alle Sinne sind gefragt

[i]

VHS Ökostation
Wilhelm-Blos-Straße 129, 70191 Stuttgart

Wie kommt man hin?
Per VVS: Mit den S-Bahn-Linien S 4, S 5 oder S 6, Haltestelle „Nordbahnhof". Von dort über die Brücke und in Richtung Wartberg in etwa 7 Minuten zu Fuß.
Mit den Stadtbahn-Linien U 5 und U 6 bis Haltestelle „Löwentorbrücke".

Per Pkw: Direkt an der Ökostation gibt es nur wenige Parkplätze, eine Anfahrt mit öffentlichen Verkehrsmitteln ist empfehlenswert.

Geöffnet:	Frühjahr bis Spätherbst	
	dienstags und freitags	nachmittags
Eintritt:	Einzelfamilien	frei

Für *Gruppen*, auch Kindergartenkinder oder Schulklassen, wird eine Benutzungsgebühr von EUR 20,00 erhoben. Nach Absprache und gegen Extrakosten ist auch eine Führung möglich.

Kindergeburtstage können gegen eine Gebühr von EUR 20,00 nach vorheriger Anmeldung gefeiert werden.

Infos: Telefon 07 11/2 56 72 70, Telefonsprechstunde dienstags und freitags 14.00 bis 15.00 Uhr, e-Mail: oekostation@vhs-stuttgart.de;

Die Klingen im Stadtwald

Klingen? Den meisten Leuten ist der geographische Ausdruck wahrscheinlich fremd. Klinge, das Wort erinnert doch zunächst an ein Messer. Ganz falsch ist das nicht. Eine Klinge ist nämlich eine tief eingeschnittene Schlucht. Sie ist entstanden, weil sich fließendes Wasser in die aus relativ weichem Gestein bestehenden Hänge eingeschnitten hat. Mergel, Sandsteine und Tone, die Schichten der so genannten „Keuperlandschaft", bilden die Umgebung Stuttgarts. Deshalb gibt es hier auch relativ viele solcher Klingen. Weil sie dem Spaziergang mit Kindern oft einen Hauch an Abenteuer vermitteln, seien zwei davon vorgestellt.

Entdeckung am Wegesrand

Falsche Klinge und Fuchsklinge

Ausgangspunkt für die kleine Wanderung zu diesen Klingen ist die **Stadtbahn-Haltestelle „Ruhbank"**. Die Klingen liegen beide unterhalb des Gegenhanges zum Fernsehturm. Man überquert die „Kirchheimer Straße", das ist die, die nach Sillenbuch hinein führt, direkt an der Haltestelle auf dem Fußgängerüberweg und wandert geradeaus in den Wald. Schon nach wenigen Metern taucht eine Kreuzung auf, an der man links geht. An der nächsten Gabelung aber muss man rechts, dann wieder rechts, allerdings nur circa 30 Meter weit. Dann geht links ein schmaler, unbefestigter und nicht bezeichneten Waldweg hinunter zu einer querenden kleinen Straße. Setzt man über sie hinweg seinen Weg geradeaus fort, ist man bereits mitten drin in der Klinge. Direkt am *Tiefenbach* entlang wandert man nun stetig bergab. Die **Falsche Klinge**, das ist ihr Name, hat eine ziemlich gruslige Vergangenheit. Früher wurden hier Hingerichtete und Selbstmörder, die man damals nicht auf dem Kirchhof haben wollte, spurlos verscharrt. Doch davon merkt man natürlich längst nichts mehr, wenn man dem Bach ins Tal folgt, das sich unten weitet und als Mittelpunkt einen kleinen Stausee hat. Ein kleines (leider nicht regelmäßig gereinigtes) Kneippbecken gibt es dort, keine Feuerstelle, da Feuermachen auch nicht erlaubt ist.

Stadt und Natur – kein Gegensatz in Stuttgart

Links vom See geht es weiter bergab, bald ist man an einen zweiten kleinen See gelangt, dessen Ende an den Stuttgarter Ortsteil *Rohracker* grenzt. Sein Name leitet sich von Röhricht ab, der Wasserpflanze, die im Tal früher durch das aus den Klingen abfließende Wasser günstige Wachstumsbedingungen fand.

Wer mag, macht einen Abstecher in den Ort hinein. Vielleicht um einen Blick auf die von 1447 stammende *Bernhardskirche* und die alte Sakristei mit ihren Fratzenköpfen zu werfen? Oder macht eine kurze Rast auf der kleinen Wiese, wo auch Tische und Bänke vorhanden sind. Aber so anstrengend war es bisher ja noch nicht. So wird der kleine See wahrscheinlich nur umrundet.

Oberhalb des Bachlaufs, zwischen Wald und Schrebergärten geht es nun leicht bergauf, wo man bald, durch eine Schranke hindurch, den dritten und letzten kleinen Waldsee für heute erreicht.

Unmittelbar am rechten Ufer dieses Sees beginnt ein Waldweg, ein schmaler Pfad bald nur noch, der, wie man rasch erkennt, parallel zu einer weiteren Klinge, der **Fuchsklinge**, steil bergauf führt. Kurz nur wird der Anstieg durch einen bequemeren Weg nach links unterbrochen. Bereits in der nächsten Kehre verlässt man ihn wieder, um neben der Klinge weiter bergauf zu steigen. Oben mündet der Pfad in ein unbezeichnetes Asphaltsträßchen, das ist die „Buowaldstraße". Ihr folgt man nach rechts, doch nur kurz. In einer Spitzkehre nach links zweigt gleich darauf der „Silberwaldweg" ab. Ihn geht man ganz hinauf, durch die Schranke bis zu den ersten Häusern von Sillenbuch. Von hier aus lässt sich der Weg über die „Kirchheimer Straße" hinweg fortsetzen, weiter ins Waldheim Clara-Zetkin-Haus (s. Kapitel 24). Für alle anderen beginnt hier, an der „Silberwaldstraße", ein breiter bequemer Weg zurück zum Ausgangspunkt.

Wie kommt man zur Falsche Klinge/Fuchsklinge?
Per VVS: Mit der Straßenbahn-Linie 15 oder der Stadtbahn-Linie U 7, Haltestelle „Ruhbank".

Per Pkw: Es gibt dort auch Parkplätze. Die Parkplätze direkt an der Haltestelle können allerdings nur von Ostfildern kommend angefahren werden.

Weglänge: Wanderung: (ohne Abstecher nach Rohracker hinein): ca. 4 km

Tipp:
Eine weitere Klinge, die „Heslacher Wand" durchwandert man auf dem Ausflug mit „Seilbahn und Zacke" (s. Kapitel 5).

Wilhelma und Nymphaea

Wilhelma (a)

Die **Wilhelma** ist Deutschlands einziger zoologisch-botanischer Garten. Mehr als 9 000 Tier- und Pflanzenarten gibt es hier. Und mit ständigen Neu- und Umbauten versucht man, mit artgerechten und ihrer eigentlichen Umwelt nachempfundenen Lebensbedingungen, ihnen ein wirkliches Zuhause zu schaffen. Moderne Tierhäuser und Freianlagen, Gewächshäuser, in denen der Frühling schon einzieht, wenn draußen noch Schnee liegt, und die Verbindung zwischen beiden, das Amazonashaus, machen jeden Besuch aufs neue zum Erlebnis. All zu viele Worte braucht man deshalb nicht zu verlieren...

Nur eines sei noch erwähnt: Wer frühzeitig plant, kann hier in der Wilhelma einen Kindergeburtstag erleben, den man ein Leben lang nicht vergisst (s. Kapitel 27).

Ich bin der Größte

Nymphaea (b)

Eines gleich vorneweg: So genannte „wilde" Tiere, Löwen, Tiger, Elefanten und Co., gibt's im Tierpark **Nymphaea** in Esslingen nicht. Wer in den kleinen Tierpark auf der Neckarinsel kommt, sollte sich an überwiegend einheimischen Tieren erfreuen können.

Bereits beim ersten Gehege, das noch im Eingangsbereich, gegenüber des Spielplatzes liegt, begeistern sich Kinder über die Ponys, die sich meistens geduldig streicheln lassen. Sonntags wird durch die Jugendgruppe zudem Pony- und Eselreiten angeboten. Die preislich familienfreundlichen Eintrittskarten und die Tatsache, dass man einen Teil der Tiere auch füttern darf, werden von Familien sicher positiv vermerkt. Zudem ist der Rundweg im ersten Drittel asphaltiert und auch im weiteren Verlauf mit seinem Sand-Kies-Gemisch kinderwagentauglich. Meerschweinchen und Kaninchen, alles was die meisten Kinder sich oft sehnlich wünschen, ist vertreten. Und während die Kinder noch in den einen oder anderen Käfig gucken, kann es passieren, dass sich ein besonders mutiges Federvieh von hinten anpirscht, weil es was vom Popkorn abhaben will. Pfauen und Hühner aller Art bewegen sich nämlich ganz frei im Park. Es gibt viele Bänke, wo man sitzen und die Tiere beobachten kann: die Enten in einem der Seen, die Sittiche in den Volièren oder die Damhirsche in ihrem Gehege. Bei so viel Idylle hört man sicher gern darüber hinweg, dass die nahe B 10 gelegentlich unüberhörbar die Gegenwart wieder bewusst werden lässt. Und vielleicht lässt sich so auch leichter der Bogen schlagen, zu dem fast zu modern anmutenden, futuristischen Gebäude des Aquarien- und Terrarienhauses. Gleich daneben ist die Vereinsgaststätte, wo in den Sommermonaten im Freien gegrillt wird und auch der Biergarten geöffnet ist.

Wilhelma
Neckartalstraße, 70376 Stuttgart

Wie kommt man hin?
Per VVS: Mit der S-Bahn-Linie S 1, S 2 oder S 3, Haltestelle „Bad Cannstatt".

Mit der Straßenbahn-Linie U 14, Haltestelle „Wilhelma", oder U 13, Haltestelle „Rosensteinbrücke".

Mit der Bus-Linie 52, 55 oder 56, Haltestelle „Rosensteinbrücke".

Per Pkw: Im Stadtgebiet Stuttgart einfach dem Elefantensymbol folgen. Parkmöglichkeit im Wilhelma-Parkhaus in der Neckartalstraße.

Geöffnet:
	täglich	
	ab 8.15 Uhr	bis Einbruch der Dunkelheit (spätestens 20.00 Uhr)

Eintritt:	*März bis Oktober*		
	Erwachsene	EUR	9,40
	Kinder (6 bis 17 J.)	EUR	4,70
	November bis Februar		
	Erwachsene	EUR	6,40
	Kinder (6 bis 17 J.)	EUR	3,20

Es gibt verschiedene Sparpreise, wie Familien-, Gruppen- oder Abendtarife (ab 16.00 Uhr).

Infos: Telefon 07 11/54 02-0, Fax /54 02-2 22, e-Mail: info@wilhelma.de;

Internet: www.wilhelma.de

Nymphaea

Nymphaeaweg 12 (Neckarinsel Esslingen), 73730 Esslingen

Wie kommt man hin:
Per VVS: Mit der S-Bahn-Linie S 1 zum Bahnhof Oberesslingen. Weiter zu Fuß über die hölzerne Neckarbrücke, entlang der Eisbahn und am Wasserkraftwerk vorbei (einfach etwa 20 Minuten). Oder mit dem Zug.

Per Pkw: Über die B 10, Ausfahrt Esslingen-Zell. Hinter der Dieter-Roser-Brücke in den Nymphaeaweg einbiegen, am Tierheim vorbei bis zum Tierpark-Parkplatz.

Geöffnet:	April bis September	
	montags bis samstags	11.00 – 18.00 Uhr
	sonntags	10.00 – 17.00 Uhr
	Oktober bis März donnerstags geschlossen, sonst gelten die gleichen Zeiten;	

Eintritt:	Erwachsene	EUR	2,00
	Kinder (bis 14 J.)	EUR	0,50
	Familienjahreskarte	EUR	35,00

Infos: Telefon 07 11/31 43 90, Fax /35 13 17 84, e-Mail: info@tierpark-nymphaea.de;

Internet: www.tierpark-nymphaea.de

Stuttgart's Technikmuseen

Die Spur des Stuttgarter Rössle in der Stadt (s. Kapitel 11), zieht sich auch durch seine Technikmuseen. Die öffentlichen Verkehrsmittel, mit ihren leuchtend gelben Wagen der Busse und Stadtbahnen, haben ebenso wie die in aller Welt bekannten Pkws der Firmen Porsche und DaimlerChrysler ihre Anfänge in Abwandlungen der Pferdekutsche. Drei attraktive Museen sind geblieben, die es zu besuchen lohnt. Für Familien umso mehr, weil für das der Straßenbahnen nur ein geringes Eintrittsgeld fällig wird und für die beiden Automuseen überhaupt kein Eintritt zu bezahlen ist. Das Straßenbahn- und das Porsche-Museum liegen beide in Stuttgart-Zuffenhausen (s. Kapitel 24: Waldheim Zuffenhausen) und so nahe beieinander, dass man beide bei einem Ausflug besuchen kann.

Das Straßenbahn-Museum in Zuffenhausen (a)

Die Anreise zum **Straßenbahn-Museum** erfolgt am besten mit der Oldtimerlinie. Das ist auch eine gute Einstimmung auf das Ausflugsziel. Das Museum wird vom gemeinnützigen Verein „Stuttgarter Historische Straßenbahnen e. V. (SHB)" in Zusammenarbeit mit dem Verkehrsunternehmen „Stuttgarter Straßenbahnen AG (SSB)" betrieben.

Was Kinder und Erwachsene zuerst in den Bann zieht, sind die rund 50 historischen Straßenbahnwagen, an denen die Entwicklung von der Pferdebahn bis zum modernen Stadtbahnwagen nachzuvollziehen ist. Das sind über 130 Jahre Verkehrsgeschichte. Stuttgart war die erste deutsche Stadt, die bereits 1862 die Genehmigung zum Bau und Betrieb einer Pferde-Straßenbahn erhielt. 1889 wurde durch die Vereinigung zweier Pferdebahnen zu einer Gesellschaft der Vorläufer der Stuttgarter Straßenbahnen AG gegründet. 1892 wurden erste Versuche gemacht, die Bahnen elektrisch anzutreiben, und nur fünf Jahre später war das ganze Netz darauf umgestellt.

Die Wagen und die Fahrten in den Oldtimern sind eine Sache, Haltestellenschilder, alte Fahrpläne und Fahrscheine die andere. Doch finden letztere eher ein gewisses nostalgisches Interesse bei den Erwachsenen, die Kids dagegen sind sicher längst schon zur Modellstraßenbahn gestürmt, die sich mit Hilfe einer Kurbel, ganz im Stil der alten Straßenbahnen, bewegen lässt.

Führungen durch die historische, seit 1995 zum Museum gewandelte „Wagenhalle" gibt es an den Öffnungstagen stündlich, und wenn genügend Kinder beisammen sind, macht man auch spezielle Kinderführungen.

Dann lockt noch das Museumscafé „Alte Achse", das in einem Beiwagen aus den 1920er Jahren seinen Platz gefunden hat, und/oder der Verkaufs- und Infostand.

Im Straßenbahnmuseum

Straßenbahnmuseum Zuffenhausen
Strohgäustraße 1, 70435 Stuttgart

Wie kommt man hin?
Per Oldtimerlinie 23: Sie fährt samstags am Öffnungstag zwischen „Charlottenplatz" und „Zuffenhausen" (über „Berliner Platz", „Hauptbahnhof", „Mineralbäder" und „Pragsattel"). Die Fahrscheine sind nur in der Linie 23 erhältlich, VVS-Ausweise sind nicht gültig.

Per VVS: Mit der „normalen" Straßenbahn der Linie 15 Fahrtrichtung Stammheim, Haltestelle „Salzwiesenstraße", zum VVS-Tarif.

Per Pkw: Über die B 10 bis Abfahrt Stammheim, dann geht's über die „Stammheimer Straße" bis zum Museum. Parkplätze sind in der „Strohgäustraße" vorhanden.

| Geöffnet: | 2. Sonntag im Monat | 13.00 – 17.00 Uhr |
| | letzter Samstag im Monat | 13.00 – 18.00 Uhr |

Eintritt:	*Museum:*		
	Erwachsene	EUR	1,50
	Kinder	EUR	0,80
	Familien	EUR	3,50
	Einzelfahrt der Linie 23:		
	Erwachsene	EUR	2,20
	Kinder	EUR	1,00
	Familien	EUR	5,50
	Kombikarte (Hin- und Rückfahrt mit Linie 23 und Museum):		
	Erwachsene	EUR	4,50
	Kinder	EUR	2,30
	Familien	EUR	11,30

Infos: Stuttgarter Historische Straßenbahnen e. V., Postfach 10 44 12, 70039 Stuttgart, Telefon 07 11/82 22 10, Fax /8 26 64 90, e-Mail: admin@shb-ev.de;

Internet: www.shb-ev.de

Die Museen von Porsche und Mercedes in Stuttgart

Ironie oder nur folgerichtige Fortsetzung der Geschichte der Stadt, die ja mit dem „Stutengarten" begann? Es waren und sind gerade die „Pferdestärken", die PS-starken Nobelkarossen, die Stuttgarts Namen in alle Welt getragen haben. Den „Porsche" (der das „Rössle" sogar in sein Firmenlogo übernommen hat) kennt man weithin, den „Mercedes" von Daimler Benz, seit seiner Fusion 1998 DaimlerChrysler, kennt man wahrscheinlich weltweit. Grund genug also Ferdinand Porsche und Gottlieb Daimler sowie ihren Autos nachzuspüren.

Porsche-Museum (b)

Wie ein Porsche aussieht, weiß jedes Kind. Und mancher Erwachsene träumt davon, selbst einen zu fahren. Im **Porsche-Museum**
kommt man diesen Traumwagen zumindest einmal ganz nah. In den
Räumlichkeiten in Zuffenhausen, in direkter Nachbarschaft zum
Werk, finden rund 25 Fahrzeuge dieser Marke reichlich Raum, um
angemessen vorgestellt zu werden, und um einen Überblick über die
Automobilentwicklung im Hause Porsche zu geben. Schön ist dabei
besonders, dass man die Traumwagen von allen Seiten und aus näch-
ster Nähe ansehen kann: Serienfahrzeuge ebenso wie die Rennsport-
wagen oder die Prototypen. Eine moderne Großbildschirmanlage erlaubt zudem, bei verschiedenen historischen Rennen mitzufiebern
oder einzelne Momente aus der Porsche-(Firmen-)Geschichte nach
zu erleben. Hierzu tragen auch die detailgetreuen, im Maßstab 1 : 43
gearbeiteten Modelle bei, die vom ersten Porsche, einem 356er aus
dem Jahr 1948, bis hin zu den aktuellen Varianten reichen.

Abgerundet wird das Ganze durch einen Museumsshop, der etli-
ches an Souvenirartikeln rund um den Traumwagen bereithält.

Faszination Motorsport

Porsche-Museum
Porschestraße 42 (Werk II), 70435 Stuttgart-Zuffenhausen

Wie kommt man hin?
Per VVS: Mit der S-Bahn-Linie S 6 (bis Neuwirtshaus).
  Mit der Bus-Linie 92, 99, 501, 502, 503 oder 591, Haltestelle „Zuffenhausen Porsche".

Per Pkw: B 10 Ausfahrt Stammheim, über die Stammheimer Straße in die Porschestraße. Parkmöglichkeiten gibt's in der Strohgäustraße.

Geöffnet:	montags bis freitags	9.00 – 16.00 Uhr
	samstags, sonn- und feiertags	9.00 – 17.00 Uhr
Eintritt:	frei	
Infos:	Telefon 07 11/9 11-56 85, Fax /9 11 73 00;	

Tipp:
Für Werksführungen wird um telefonische Voranmeldung unter 07 11/9 11-53 84 gebeten. Es muss mit Wartelisten gerechnet werden.

Mercedes-Benz-Museum (c)

Ein Besuch im Mercedes-Benz-Museum in Stuttgart-Untertürkheim ist zugleich ein Besuch im Werk. Ein Pendelbus fährt vom Tor 1 zum Museum, wo auf 3 Etagen 80 Exponate, darunter 65 Fahrzeuge ausgestellt sind. Der Reitwagen, dessen Sitz tatsächlich noch einem Pferdesattel nachgebildet worden war; die Motorkutsche, die wirklich noch eher Kutsche war und sich erst ab 1902 zum Auto im heutigen Sinn wandelte; die Traumwagen, vor allem der 1930er Jahre, bis hin zum heutigen Mercedes: alle sind vorhanden und erwecken die eigentlich recht kurze Geschichte des Autos zum Leben.
  Im Museumsshop können sich große und kleine Fans am Ende des Ausflugs noch ein Erinnerungsstück für zu Hause kaufen.

Mercedes-Benz-Museum
Mercedesstraße 137, 70327 Stuttgart

Wie kommt man hin?
Per VVS: Mit der S-Bahn-Linie S 1, Haltestelle „Gottlieb-Daim-
ler-Stadion"; dann der Beschilderung zur Pendelbushaltestelle
folgen.
Per Pkw: Parkmöglichkeiten bei der Pendelbushaltestelle (ausgeschildert).

Die „Silberpfeile" interessieren Jung und Alt

Geöffnet:	dienstags bis sonntags	9.00 – 17.00 Uhr
	feiertags geschlossen	
Eintritt:	frei	
Infos:	Telefon 07 11/1 72 25 78, Fax /5 11 73;	
Internet:	www.mercedes-benz.com	

Gottlieb-Daimler-Gedächtnisstätte

Hat es Spaß gemacht, ins Automuseum zu gehen? Prima, dann mal gleich den nächsten Ausflug planen: In die **Gottlieb-Daimler Gedächtnisstätte** in Stuttgart-Bad Cannstatt:

Der bereits wirtschaftlich erfolgreiche Unternehmer bezog 1882 in Bad Cannstatt eine Villa, wo er, zusammen mit Wilhelm Maybach, an einem revolutionären Plan zu arbeiten begann: Er wollte einen Verbrennungsmotor erfinden, der alle erdenklichen Fahrzeuge antreiben sollte. Bereits nach einem Jahr hatten sie den ersten Motor konstruiert, nach zweieinhalb Jahren ihr Ziel erreicht. 1885 wurde der „Reitwagen" zum Patent angemeldet, ein Jahr später die „Motorkutsche". Fast gleichzeitig entstand das erste Motorboot.

Nach Daimlers Tod erwarb die Stadt Stuttgart das Anwesen, um es in den Cannstatter Kurpark einzubeziehen. Die Herstellung des Originalzustands der Werkstatt erfolgte 1983/84. Seitdem ist sie öffentlich zugänglich.

Gottlieb-Daimler-Gedächtnisstätte

Taubenheimstraße 13, 70372 Stuttgart-Bad Cannstatt (Kurpark, Nähe Kursaal)

Wie kommt man hin?

Per VVS: Mit der Stadtbahn-Linie U 2 bis Haltestelle „Kursaal", zu Fuß zum nahen Kurpark, ca. 50 Meter rechts vom Kursaal befindet sich die kleine Gedächtnisstätte in einem Glasbau.

Geöffnet:	dienstags bis sonntags	10.00 – 16.00 Uhr
	feiertags geschlossen	
Eintritt:	frei	
Infos:	Telefon 07 11/56 93 99, Fax /17 51 73;	

Unterwegs auf dem Wasser

Seit dem 13. Januar sind sie auch dieses Jahr (2003) schon wieder unterwegs: der Neckar-Käpt'n, sein Team und natürlich seine Flotte. Charterfahrten sind nämlich jederzeit möglich. Die eigentliche Saison beginnt immer Ende März. Und dann heißt es wieder „Schiff ahoi" an den Anlegestellen der **Neckar-Käpt'n-Schiffahrt**, die Ausgangspunkt zu vielen, ganz verschiedenen, aber immer erlebnisreichen Ausflügen werden kann: die Ausflugsschiffe der so genannten „Weißen Flotte" machen Ausflugs- und Rundfahrten, zum Teil mit Programm extra für Kinder. Ein für Kinder sicher ganz besonderes Erlebnis ist es, einmal an Bord Geburtstag zu feiern. Am fröhlich gedeckten Tisch feiert das Geburtstagskind rund zwei Stunden lang. Das Kindermenü dazu ist im Preis eingeschlossen. „Wasserspaß für Kids und Kiddys an Bord" (für Kinder von 6 bis 12 Jahren) oder „Zauberei an Bord" (für Kinder ab 4 Jahren) etwa heißt das Motto bei anderen Kinderprogrammen. Sogar eine Fahrt „Nikolaus an Bord" gibt es, die jedoch nicht zwingend am Nikolaustag stattfindet, so dass man sich hier besser vorab über den genauen Termin informiert.

Knoten knüpfen wie ein Seemann

Auch eine Kurzrundfahrt ist eine gute Möglichkeit, ein erstes Mal Schiff zu fahren; sie dauert rund eine Stunde. Zudem verkehrt die Flotte von Ende März bis Ende Oktober auf der Strecke zwischen Bad Cannstatt und Benningen im Linienverkehr nach Fahrplan. Haben jedoch alle ihren Spaß daran, dann kann man weiter fahren, bis Besigheim vielleicht und von dort mit dem Zug zurück. Oder eine der Rundfahrten machen, die zum Teil auch mit Programm in unterschiedlicher Länge und Thematik ebenfalls von der Anlegestelle „Wilhelma" aus starten.

Flussabwärts führt eine solche Fahrt am *Kraftwerk Münster* vorbei. Entlang auch unterhalb der alten, noch nicht flurbereinigten und deshalb schön anzusehenden Cannstatter Weinberge mit all ihren Mäuerchen und „Wengerterhäusle". Nach einer Rechtsbiegung kann man dann schon bald einen Blick auf den Max-Eyth-See werfen. Der nach dem Ingenieur und Schriftsteller Max Eyth benannte **Max-Eyth-See** ist mit 17,3 Hektar Wasserfläche der größte der Stuttgarter Seen. Hierher kann man natürlich auch einmal gezielt, am besten mit öffentlichen Verkehrsmitteln, kommen, weil Parkplätze stets Mangelware sind. Besonders schön sieht der See im Sommer aus, wenn ihn die Segelboote der Mitglieder des Stuttgarter Segelclubs befahren. Aber auch „unorganisierte" Besucher können sich aufs Wasser wagen: mit Tret-, Ruder- oder Elektrobooten, die es zu leihen gibt. Drei schön angelegte Grillstellen sind ebenfalls vorhanden und auf den hügelig angelegten Wiesen am westlichen und südlichen Seeufer gibt es genügend Platz zum Spielen und Lagern. Wer sich versorgen will, erhält kleine Speisen, Eis oder Getränke am Kiosk (dort befinden sich übrigens auch Toiletten). Richtig einkehren kann man dagegen in der öffentlichen Gaststätte des DLRG-Vereinsheims (montags und dienstags Ruhetag) und im Restaurant/Café „Haus am See" (montags Ruhetag). Wer dann müde ist, kann von einer der beiden Haltestellen, „Seeblickweg" oder „Max-Eyth-See", direkt mit der Stadtbahn-Linie U 14 ins Zentrum von Stuttgart zurück und von dort nach Hause fahren. Es gibt aber auch die Möglichkeit, immer am Neckarufer entlang, zurückzuwandern bis Bad Cannstatt.

Oben am Hang erkennt man den Stadtteil Freiberg an seinen quer gestellten Hochhäusern, dahinter liegt Mönchfeld. Doch spannend wird es jetzt hier unten: die *Schleuse Hofen* muss durchquert werden. Sie war als „Staustufe Hofen" im Zuge des Neckarausbaus 1935 angelegt worden, wobei man zugleich den ehemaligen Baggersee zum Naherholungsziel umgestaltete.

Hofen wurde im 12. Jahrhundert von Cannstatt her gegründet. Aus dieser Zeit stammt auch die *Burg Hofen*. Schweden brannten sie im Dreißigjährigen Krieg nieder. Seitdem ist sie eine Ruine. Unter den vielen, heute größtenteils völlig zerstörten und nur andeutungsweise erhaltenen Burgen im Stadtgebiet ist sie dennoch die am besten erhaltene und mit ihrer 20 Meter hohen Schildmauer, mehreren bis 15 Meter hohen und über 3 Meter breiten Mauern noch immer imposant. Nur eben leider nicht zugänglich; sie befindet sich in Privatbesitz. Herzog Carl Eugen kaufte 1753 Burg und Ort Hofen für ganze 28 000 Gulden, ließ 30 Jahre später den Bergfried abbrechen und aus den Steinen die barocke Kirche Sankt Barbara bauen. *Sankt Barbara* war über lange Zeit, bis zum Beginn des 19. Jahrhunderts, die einzige katholische Kirche im Stadtgebiet, und Hofen bis 1803 der einzige katholische Ort in Württemberg.

Erreicht werden Burgruine und Kirche (vom See aus oder direkt) über den gegenüber der Haltestelle „Hofen" (Stadtbahn-Linie U 14) abzweigenden „Reingärtlesweg" (an dem auch ein großer öffentlicher Spielplatz liegt) und die nach links weiterführende „Scillawaldstraße" durch das unerwartet idyllisch verwinkelte alte Hofen.

Das Schiff jedoch fährt noch lange weiter. Marbach, Mundelsheim, Hessigheim folgen. In Heilbronn erst endet das Fahrgebiet der „Weißen Flotte". Im Prinzip aber könnte man seit der Kanalisierung immer weiter fahren, bis zur Neckarmündung in den Rhein nach Mannheim und dann weiter bis Basel oder bis Rotterdam.

Zum Einsteigen bereit

Neckar-Käpt'n, Neckar-Personen-Schiffahrt, Berta Epple GmbH & Co. KG
Anlegestelle „Wilhelma", Postfach 50 08 24, 70338 Stuttgart

Wie kommt man zur Anlegestelle „Wilhelma"?
Per VVS: Mit der S-Bahn-Linie S 1, S 2 oder S 3 bis „Bad Cannstatt".

Mit der Stadt-Bahn-Linie U 13, Haltestelle „Rosensteinbrücke" oder U 14, Haltestelle „Wilhelma".

76

Per Pkw: Parkhaus Wilhelma.

Weglänge:	Spaziergang zur Ruine Hofen, zum See und Rundweg am See: ca. 4 km.

Fahrpreis:

Kurzrundfahrt (1 Stunde):
Erwachsene	EUR	6,50
Kinder	EUR	3,25

Nikolaus an Bord (2 Stunden):
Erwachsene	EUR	14,00
Kinder	EUR	7,00

Kindergeburtstag (2 Stunden): Programm, Essen und Fahrt pro Kind EUR 14,00 (Erwachsene zahlen den Fahrpreis, je nachdem ob Linie oder Programmfahrt)

Infos: Telefon 07 11/54 99 70 60, Fax /54 99 70 80, e-Mail: info@neckar-kaeptn.de;

Internet: www.neckar-kaeptn.de

Tipp: Gegenüber der Anlegestelle am anderen Neckar-Ufer liegt ein wunderschöner Spielplatz mit einer tollen Rutsche. Dieser ist nach der Schifffahrt immer einen Abstecher wert und über die Rosensteinbrücke zu Fuß auch schnell erreicht.

Bootsverleih am Max-Eyth-See

Bootsvermietung Horst Bauer, Schneideräckerstraße 55 b, 70378 Stuttgart

Verleihzeiten:	März bis September 10.00 Uhr – Einbruch der Dunkelheit

Infos: Telefon 07 11/53 72 00

11 Nicht umsonst ein Rössle im Wappen

Rund um Stuttgart wiehert's überall

Stuttgarts Wappen schmückt bekanntlich ein sich aufbäumendes schwarzes Pferd auf goldenem Grund, ein „Rössle", wie die Stuttgarter sagen. Seit dem 11. April 1938 ist es das amtliche Stadtwappen. Interessant am Rande, dass das Stuttgarter Stadtwappen, soweit man es zurückverfolgen kann, immer schon mit Pferden zu tun hatte. 1312 waren es noch zwei, und zwar nach rechts schreitende Pferde. 1433 wurde das Wappen geändert: Es gab nur noch ein Pferd, das galoppierte aber nun. Und heute also steigt es. Das Pferd im Wappen steht dabei in enger Beziehung zum Namen der Stadt. Denn auf einen „Stuotgarten", ein Gestüt, geht der Name Stuttgart zurück. Herzog Luidolf von Schwaben hatte es 950 n. Chr. gegründet. Im Laufe der Jahrhunderte wird aus dem Stuotgarten „Stuotgard" und schließlich „Stuttgart". Den Stutengarten in der Stadt selbst, den gibt es heute natürlich nicht mehr. Aber ringsum an den unmittelbaren Grenzen der Stadt und, das ist vielleicht für viele erstaunlich, sogar innerhalb der Stadtgrenzen, findet man Reitställe, Ponyhöfe, Bauernhöfe oder Jugendfarmen, in denen Pferde und/oder Ponys untergestellt sind.

Überall scheint es, passt man einmal darauf auf, zu wiehern. Nicht nur in den Reitställen, die es im Stadtgebiet, in Botnang, am Kräherwald, noch gibt. Auch die sind einmal reizvoll, zum Reinschnuppern (im wahrsten Sinn des Wortes...) und Zusehen. Eigentlich aber wollen Kinder mehr. Sie wollen selbst auf ein Pferd oder ein Pony hinauf. In Reitställen geht das, wenn es nicht Kinder von Vereinsmitgliedern sind, erst ab frühestens 10 Jahren und über kurz oder lang müssen sie dann selbst Mitglieder im jeweiligen Verein werden. Gut also, dass es auch Ponyhöfe oder Freizeitreitbetriebe gibt, wo Kind und Familie, ohne sich gleich längerfristig binden zu müssen, mit diesen Tieren Freundschaft schließen und die ersten Erfahrungen sowohl im Umgang mit ihnen wie im Reiten sammeln können.

Im **Ponyhof Müller** stehen 19 Shetland-Ponys. Kinder von 6 bis 12 Jahren können dort die ersten von vielen Minuten im Sattel verbringen, geführt und vielleicht sogar gestützt von den Eltern. Wenn der Mut gewachsen ist, und vor allem bei kleinen Mädchen geht das schnell, steht dem richtigen Reiten nichts mehrt im Weg. Es gibt eine offene Halle, einen Platz und natürlich auch Unterricht. Eine Anmeldung vorab ist nicht nötig.

Und vielleicht erlauben die Eltern sogar einmal, dass man den Geburtstag im „Reiterstüble" feiern darf? Essen und Trinken bringt man mit, danach darf geritten werden.

Auf dem Ponyhof Müller

Ponyhof Müller
Stuttgarter Straße 103, 73766 Ostfildern-Ruit

Wie kommt man hin?
Per VVS: Mit der Stadtbahn-Linie U 7 oder U 8 bis Haltestelle „Heumaden", dann zu Fuß rechts der Straße in Richtung Ruit gehen (etwa 850 Meter).

Per Pkw: Durch Sillenbuch auf der Kirchheimer Straße Richtung Ruit, rechts ab an der Kreuzung in Richtung Kemnat, circa 50 Meter später links am Lagerplatz einer Baufirma in den asphaltierten Feldweg abbiegen. Diesem nach links parallel zur Straße, dann im Rechtsbogen folgen.

| **Zeiten:** | geführtes Pony: | |
| | sonntags | 11.00 – 14.00 Uhr |

| **Preise:** | geführtes Pony je 30 min. | EUR 5,00 |
| | Reitunterricht für Kinder | EUR 11,00 |

Kindergeburtstag: mittwochs und sonntags 14.30 bis 19.00 Uhr, Preis pauschal für 12 Kinder oder 6 Ponys: EUR 154,00; eine langfristige Anmeldung ist unbedingt erforderlich;

Infos: Telefon 07 11/2 48 87 22 ab 14.00 Uhr

Nachwuchs auf dem Ponyhof

Beim **Freizeitreiten Riedenberg** bei Familie Edinger im hübschen kleinen Fachwerkstall am Ortsrand von Riedenberg ist dem Reiten kein Alterslimit gesetzt. Kleine Kinder machen ihre ersten „Ausritte" auf einem geführten Pony, größere und auch Erwachsene können nach Absprache am Reitunterricht teilnehmen.

Auch dort kann man Kindergeburtstage feiern, im Freien, am Reitplatz. Essen und Trinken dazu bringt man selbst mit, Kosten entstehen nur durchs Reiten (pro Pferd und Stunde EUR 13,00).

Freizeitreiten Riedenberg
Denkendorfer Wiesen, 70619 Stuttgart

Wie kommt man hin?
Per VVS: Mit der Straßenbahn-Linie U 7 bis Haltestelle „Schemppstraße". Dann mit dem Bus Nr. 65 Richtung Plieningen/Garbe. Weiter s. unten.

Per Pkw: Aus Stuttgart kommend durch Sillenbuch, beim Ostfilderfriedhof rechts in die Kemnater Straße, gleich darauf rechts in die Schemppstraße. An deren Ende links in die Birkacher Straße Richtung Plieningen. Der Feldweg vor der Abfahrt zum Hotel Kemnater Hof führt direkt darauf zu.

Zeiten:	*Reitunterricht* für Kinder und Erwachsene:	
	mittwochs und freitags	15.00 Uhr
	mit geführtem Pony:	
	samstags und sonntags	15.00 Uhr
	(außer an Feiertagen, Anmeldung erforderlich)	
Preise:	*Reitunterricht:*	
	pro Stunde	EUR 13,00
	bei Zehnerkarte pro Stunde	EUR 12,00
	mit geführtem Pony:	
	pro 30 Minuten	EUR 6,00
Infos:	Familie Edinger, Telefon 01 72/7 10 09 23;	

Jugendfarmen

Reiten ist übrigens auch auf ganz vielen **Jugendfarmen** möglich. Gleich hier, zwischen den beiden genannten Reitmöglichkeiten, auf der *Jugendfarm Riedenberg e. V.* zum Beispiel. In fast jedem Stadtteil, gar nicht so selten sogar mitten in der Stadt, gibt es eine Jugendfarm oder einen Abenteuerspielplatz. In einem vom Stuttgarter Jugendhaus e. V. herausgegebenen Faltblatt werden 22 Stück mit Anschrift, Telefonnummer, Internetadresse und Öffnungszeiten verzeichnet; hinzu kommt eine Übersichtskarte, die schnell das nächstgelegene Ziel zu finden hilft. 13 davon, also mehr als die Hälfte, tragen das Symbol für Großtiere; halten also Pferde, Ponys oder Esel. Viele haben Reitergruppen, in denen die Pflege der Tiere aber stets einen ebenso großen Stellenwert hat wie das Reiten. Darüber hinaus sind Jugendfarmen und Abenteuerspielplätze aber auch Orte, an denen Kinder von 6 bis 14 Jahren, unter der Aufsicht von Pädagogen und Erziehern, vielerlei Erfahrungen machen können, die gerade Stadtkindern heute nicht mehr ohne weiteres zugänglich sind. Hier können sie toben, klettern, Hütten bauen. Sie erfahren die Begegnung mit Tieren und lernen Verantwortung zu übernehmen, auch gegenüber anderen, schwächeren und kleineren Kindern.

Jugendfarm Riedenberg e. V.
Furtäcker 30, 70619 Stuttgart

Wie kommt man hin:
Per VVS: Mit der Stadtbahn-Linie U 7 bis Haltestelle „Schemppstraße". Weiter s. u.

Per Pkw: Von Stuttgart kommend über die Kirchheimer Straße, Kemnater Straße, Schemppstraße. Hier links in die Steinäcker Straße abbiegen und von dort in die Furtäcker.

Geöffnet:	montags bis freitags	13.00 – 18.00 Uhr
	In den Ferien:	
	montags	13.00 – 18.00 Uhr
	dienstags bis freitags	10.00 – 18.00 Uhr
Infos:	Telefon/Fax 07 11/47 24 69	
Internet:	www.jugendfarm-riedenberg.de	

Tipp:
Das Faltblatt mit allen Jugendfarmen und Abenteuerspielplätzen im Stadtgebiet erhält man beim
- Bund der Jugendfarmen und Aktivspielplätze e. V., Haldenwies 14, 70567 Stuttgart, Telefon 07 11/6 87 23 02;
- Stuttgarter Jugendhaus e. V., Schlossstraße 56, 70176 Stuttgart, Telefon 07 11/2 37 28-0;
- Jugendamt der Landeshauptstadt Stuttgart, Wilhelmstraße 3, 70182 Stuttgart, Telefon 07 11/2 16-31 95;

Sonnenhof

Pony-Schmusekurse sind nur eine der Ideen des **Sonnenhofs** im Stuttgarter Vorort Mühlhausen, wie man die Sehnsucht von Stadtkindern nach Kontakt mit Tieren stillt. Was verspielt klingt, hat einen durchaus seriösen Hintergrund. Eine eigene Reitpädagogin bietet im Rahmen des Ferien-Workshops eine umfassende reiterliche Ausbildung für Kinder an. Auch außerhalb der Schulferien gibt es Kurse für Kinder ab drei Jahren, übrigens auch unter dem Aspekt des heilpädagogischen Reitens für Kinder mit Verhaltensauffälligkeiten, Entwicklungsstörungen, ADHS oder Behinderungen. Der Sonnenhof bietet eine Vielzahl von Aktionen für Kinder, so zum Beispiel eine Kunstschule oder Lesungen mit Kinderbuchautoren. Das Mais-Labyrinth erfreut sich jährlich wachsender Beliebtheit, der Hofladen bietet Einkaufsmöglichkeit für Küche und Garten, und natürlich sind die Geburtstagsfeiern für Kinder ein fester Bestandteil des Angebots (s. Kapitel 27).

Hofmarkt Sonnenhof GBR
Sonnenhof 1, 70378 Stuttgart

Wie kommt man hin?
Per VVS: Mit der Stadtbahn-Linie U 14 Richtung Remseck, Haltestelle „Hornbach".

Per Pkw: Aus Richtung Stuttgart Bad Cannstatt/Mühlhausen kommend Richtung Remseck-Aldingen. Gegenüber dem Baumarkt Hornbach links abbiegen und Beschilderung folgen.

Infos:	Telefon 07 11/5 07 46 20, Fax /53 82 18, e-Mail: info@derSonnenhof.com;
Internet:	www.dersonnenhof.com

Esslingen erkunden:
zu Land und zu Wasser

Der „Kanal Grande" am Neckar führt mitten hinein ins mittelalterliche **Esslingen**. Nur 20 Minuten mit der S-Bahn von Stuttgart entfernt, gibt es dort in mehr als einer Hinsicht venezianisches Flair. So schnell die Stadt von Stuttgart aus erreicht ist, eine Familie kann hier an einem einzigen Tag so viel erleben wie in einem ganzen Urlaub. Die reizvolle Stadt verfügt nicht nur über ein erstaunlich geschlossenes Stadtbild an hübsch renovierten Häusern, auch die Burg thront imposant und mächtig über ihr. Erkunden kann man Esslingen zu Land oder zu Wasser (im Kanu). Und auf der nahen Neckarinsel kann es im Tierpark Nymphaea (s. Kapitel 8) zu allerlei tierischen Begegnungen kommen. Auch für den, der Esslingen schon kennt, ist es doch immer wieder einen Ausflug wert.

Vom **Bahnhof** kommend, beginnt man den Rundgang zu Fuß am besten in der „Bahnhofstraße". Geradeaus geht es zum **Schelztorturm**, einem der drei noch erhaltenen Tortürme. Oben, auf einem ins Leere ragenden Balken scheint – aus der Ferne täuschend echt – ein Mann zu balancieren.

Über die *Agnesbrücke* kommt man zum „Marktplatz". Hier ist auch die *Stadtinformation*. Bevor man als Familie zum Stadtrundgang startet, ist es lohnend, sich die kleine Broschüre „Kinderstreifzüge" zu besorgen. „Ist das eine Ritterburg?" „Welches Tier sitzt auf dem Dach des alten Rathauses?" Mit Rätseln, Informationen und Suchaufgaben für unterwegs zu den historischen Gebäuden der Stadt wird auch der Stadtrundgang auf eigene Faust zum Erlebnis.

Die *Stadtkirche St. Dionys* mit ihrem Turmpaar begrenzt die eine Seite des Markplatzes. Ihr gegenüber steht das „*Kielmeyer'sche Haus*". Es ist der einzige erhaltene Teil eines früheren Klosters, das ursprünglich den ganzen Marktplatz einnahm. Dafür ist dieser heute vollkommen unterkellert. Dort unten reift der Sekt der Firma Kessler, der ältesten deutschen Sektkellerei. Rechts schließt sich der Rathausplatz mit dem neuen Rathaus an, das aber auch schon aus dem 18. Jahrhundert stammt. Das alte steht gegenüber. Es wurde um 1420 errichtet und vom Stuttgarter Hofbaumeister Heinrich Schickhardt Ende des 16. Jahrhunderts im Stil der Renaissance umgebaut. Die *astronomische Uhr* von 1592 lässt beim Stundenschlag den Reichsadler die Flügel schlagen, bei den Viertelstundenschlägen bewegen sich Justitia (die Gerechtigkeit) und Temperentia (die Mäßigkeit); die Wochentags-Figuren ziehen nach dem 12.00 Uhr-Schlag mittags ihre Bahn. Das schöne Glockenspiel dagegen wurde erst 1926 installiert. Aus einem Repertoire von 170 Liedern wird je nach Anlass und Jahreszeit ausgewählt. Es erklingt um 8.00, 12.00, 15.00, 18.00 und 19.30 Uhr.

Basteleien im Schreiber Museum

Gegenüber, beim neuen *Rathaus*, findet sich die Unterführung, durch die man gefahrlos auf die andere Straßenseite in die verwinkelte Beutau-Vorstadt gelangt, eine der frühen Stadterweiterungen. Hier ist das **Schreiber Museum** untergebracht. Der bekannte Schreiber Verlag hat der Stadt Esslingen einen Teil seines Firmenarchivs vermacht, um es in einem „Museum zur kreativen Geschichte des Papiers" zugänglich zu machen. Als Kernstück dürfen Beispiele der seit ihrer „Erfindung" (1877) bis heute attraktiven Ausschneidebögen nicht fehlen, die Kinder und Erwachsene noch immer zum Basteln verführen können. Und bis heute gibt es fast nichts auf der Welt, was es nicht auch als Kartonmodellbogen gibt.

Rechts vom Museum geht es dann die *Burgstaffel* hinauf. Die hübsche Aussicht über die Stadt machen die vielen Stufen, die Stäffele, die man hinauf zu steigen hat, fast vergessen. Um Esslingen wirklich kennen zu lernen, muss man hinauf zur **Burg** gegangen sein. Die Burg? Ein Herrensitz war sie nie. Nicht einmal eine Burg im eigentlichen Sinn. Von Anfang an hatten die ab dem 13. Jahrhundert errichteten starken Mauern nur die Aufgabe, die Stadt besonders im Norden zu schützen. Die heute geläufige Bezeichnung „Burg" erhielten sie zuerst wohl nur als eine Art Spitznamen. Mit den Resten von Wehrgängen, Türmen, den Mauern und Mauerdurchblicken aber wirkt das Ensemble heute schon burgartig. Inzwischen gliedert es sich in einen äußeren und einen inneren Bezirk. Der innere umfasst den Kanonenbuckel mit seinen Kanonen, das Restaurant „Dicker Turm" (montags Ruhetag) und die familiärere, aber genauso schöne „Burgschenke" (montags Ruhetag). Der äußere Burgbereich zeichnet sich vor allem durch einen attraktiven, großzügig angelegten Spielplatz aus.

Die Burgstaffel hinauf

Was schert uns die Aussicht?

Abwärts geht es dieses Mal über die *Burgsteige*, die am Dicken Turm beginnt und diagonal durch einen Weinberg zurück in die Stadt fuhrt. Am Ende liegt der so genannte „Kaisheimer Pfleghof". Die Pfleghöfe, in Esslingen gab es neun, „pflegten" keineswegs bedürftige Bürger, sondern, indem sie Abgaben eintrieben, den Wohlstand ihrer jeweiligen Besitzer. In diesem Fall den des Zisterzienserklosters Kaisheim bei Donauwörth, das in Esslingen seit 1275 Güter besaß.

Wieder durch die schon zuvor benutzte Unterführung kehrt man an den *Rathausplatz* zurück. Am alten Rathaus vorbei, biegt man dann halblinks zum **Hafenmarkt** ab. Die Häuser rechts in diesem Gässchen (Hafenmarkt 4 bis 10) stammen alle aus dem 14. Jahrhundert und gelten als die älteste zusammenhängende Fachwerkhäuserzeile Deutschlands! Geradeaus geht es nun auf das älteste Haus Esslingens zu, einen vollständig erhaltenen Geschlechterturm (also den Wohnturm einer adligen Familie) aus dem 13. Jahrhundert. Er beherbergt heute das **Stadtmuseum**. Es beschäftigt sich mit der Geschichte Esslingens, von 777 an. Führungen für Kinder finden auf Anfrage statt.

Die „Strohstraße" hinunter, über die „Franziskanergasse" und die Straße „Im Heppächer" erreicht man das **Wolfstor**, den ältesten noch erhaltenen Torturm der Stadt. An der Außenseite erkennt man Tierskulpturen, doch das sind zweifelsfrei Löwen. Des Rätsels Lösung? Das Tor trägt seinen Namen nach einem Torhüter Wolf. Die Löwen aber erinnern an die einstigen Herren der Stadt, die Staufer.

Über „Küfer-" und „Rittersraße", gelangt man zum **Postmichelbrunnen**. Die vier Reliefs der Beckeneinfassung zeigen Stationen der 1844 von einem Eltinger Pfarrer ersonnenen Legende: Der Postmichel findet den Ring eines Ermordeten (1), zeigt diesen und gerät dadurch selbst in Verdacht (2), wird enthauptet (3) und erscheint dem wirklichen Mörder mit Kopf unterm Arm (4).

Links vom Brunnen schließt sich die „Innere Brücke" als Fußgängerzone an. Weiter geht es dann, zwischen Haushaltswarengeschäft und Buchhandlung, ein paar Stufen hinunter auf den Kesselwasen. Gleich darauf sieht man etwas das man so, mitten in Esslingen, heute sicher nicht mehr erwartet hätte: riesige laufende *Wasserräder*. Doch das hat Geschichte. Die Wasserräder wurden schon vor Jahrhunderten benutzt, um die ersten Mühlen zu betreiben. Die aus den Flussarmen gewonnene Energie hat bei der Industrialisierung Esslingens eine wesentliche Rolle gespielt. Diese Wasserräder stehen heute unter Denkmalschutz und versorgen noch immer den katholischen Kindergarten mit Strom. Erst in diesem Jahr ist die Anlage neu verpachtet worden, wird renoviert und soll so ausgebaut werden, dass es zur Versorgung von 50 Haushalten reicht.

Geht man über den kleinen Steg weiter, hat man den Blick frei auf das, was auch als Klein-Venedig Esslingens bezeichnet wird.

An diesen Vergleich knüpft die nun folgende Stadterkundung ganz anderer Art an, die im Kanu durch die Kanäle Esslingens führt: die „Kanale Grande"-Tour. Dazu geht man zurück auf die „Innere Brücke" und von dort hinunter auf die zwischen Wehr- und Roßneckar gelegene **Maille**, den Stadtpark mit seinen alten Bäumen und einem Spielplatz. Hier ist die Einstiegsstelle. Schon das Einsteigen ins Kanu will geübt sein. Immer schön einzeln, damit das Boot nicht instabil wird! Auch das erste Paddeln als Team der zwei aneinander geketteten Kanus will geübt sein!

Stadtrundfahrt einmal anders

Zuerst geht es in einen Seitenkanal, den Katzenneckar. Beim *Bäckermühlenwehr* heißt es aussteigen. Da werden die Boote einzeln über eine Rampe hinter das Wehr geschoben. Jetzt klappt es mit dem (Wieder-) Einstieg sicher schon ganz gut. In Richtung Esslingen-Mettingen führt der Kanal nun vorbei an den Steilhängen, wo die Esslinger Weine angebaut werden. Hier ist das Ufer dicht bewachsen, der Steuermann und Stadtführer sagt, man sei am „Esslinger Amazonas". Spannender aber noch wird es, wenn man nur wenig später mit dem Boot das *Schutzwehr* überwindet, das den Kanal vom Neckar trennt. Viel Platz ist nicht zwischen Schleusentor und Wasseroberfläche. Man muss die Paddel einholen, sich vornüberbeugen und den Kopf einziehen.

Auf dem Neckar geht es nun zwei Kilometer stromaufwärts. Damit es nicht zu anstrengend wird, hilft ein Elektromotor etwas mit. Unter der *Pliensaubrücke* durch, dann ein letzter Aus- und Einstieg. Am *Wehrhaus* mit seinem schönen Fachwerk vorbei, geht es zum Schäferwehr. Nach gut zwei Stunden Fahrt endet die „Kanale Grande"-Tour schließlich wieder an der **Maille**.

Wie kommt man nach Esslingen?
Per VVS: Mit der S-Bahn-Linie S 1 oder den Zügen des Regionalverkehrs.

Per Pkw: Ab Stuttgart über die B 10.

J. F. Schreiber Museum (im Salemer Pfleghof)
Untere Beutau 8 – 10, 73728 Esslingen am Neckar

Geöffnet:	dienstags bis samstags	14.00 – 18.00 Uhr
	sonntags	11.00 – 18.00 Uhr
Infos:	Telefon 07 11/35 12-32 40, Fax /35 12-32 29,	
	e-Mail: museum@esslingen.de;	

Stadtmuseum (im Gelben Haus)
Am Hafenmarkt 7, 73728 Esslingen am Neckar

Geöffnet:	dienstags bis samstags	14.00 – 18.00 Uhr
	sonntags	11.00 – 18.00 Uhr
Infos:	Telefon 07 11/35 12-32 40, Fax /35 12-32 29,	
	e-Mail: museen@esslingen.de;	

Stadtrundgänge durch Esslingen
Es gibt viele verschiedene geführte Stadtrundgänge. Am besten, man erkundigt sich selbst einmal bei der Stadtinformation.

Infos:	Stadtinformation der Esslinger Stadtmarketing & Tourismus GmbH, Marktplatz 2, 73728 Esslingen Telefon 07 11/39 69 39-69, Fax /39 69 39-39, e-Mail: info@tourist-esslingen.de;
Geöffnet:	montags bis freitags 10.00 – 18.00 Uhr mittwochs ab 9.00 Uhr samstags 9.00 – 13.00 Uhr
Internet:	www.esslingen-tourist.de

Besonderes:

Kids erleben Esslingen – Auf den Spuren der Zeit: jeden 3. Samstag im Monat, Treffpunkt 10.00 Uhr in der Stadtinformation, Altersgruppen von 7 bis 10 Jahre und 11 bis 14 Jahre, höchstens 15 Teilnehmer pro Gruppe;

Preis:	pro Person	EUR	6,00
	pro Gruppe	EUR	65,00

Kanufahrt durch die Esslinger Kanäle *„Kanale Grande"-Tour* (April bis September): Die Tour beginnt und endet direkt an der Maille in der Innenstadt. Sie ist begleitet und nicht geeignet für Kinder unter 6 Jahren, Nichtschwimmer oder gebrechliche Personen. Tragen Sie bequeme, regenfeste Kleidung und rutschfeste Schuhe. Karten dafür sind bei der Stadtinformation erhältlich, ebenso die Termine und Abfahrtszeiten.

Preis:	pro Person	EUR	16,00
	pro Gruppe bis 20 Personen	EUR	270,00

Tipps:

Der *Kanu-Verein Esslingen e. V.* bietet auch Touren für Familien mit Kindern (ab 10 Jahre) an.

Infos:	Färbertörlesweg 19, 73728 Esslingen, Telefon 07 11/35 96 24, Fax /9 38 91 99, e-Mail: KVE@KVEsslingen.de;
Internet:	www.kv-esslingen.de

Und wer Spaß am Kanu fahren überhaupt gefunden hat und dieses einmal in anderer nicht weniger romantischer Umgebung tun will, kann bei *Bietigheim-Bissingen* auf der *Enz* paddeln gehen. Der Kanuverleih Stolz nämlich veranstaltet Touren auf der Enz, bei denen die Kunden selbst Tag, Zeit und Personenzahl bestimmen. Auch kleinere Kinder können, auf eigene Gefahr, dabei sein. Es gibt mehrere Einstiegsstellen und verschieden lange Touren. Eine beliebte Ausstiegsstelle unterwegs ist für Familien mit Kindern der Spielplatz an der Rommelmühle.

Infos: Kanuverleih Stolz, Heckenstraße 27,
74379 Ingersheim, Telefon 0 71 42/2 01 32,
Fax /91 68 14, Mobil 01 73/3 77 22 78;

Paddeln auf der Enz

Von Plochingen bis Winterbach quer durch den Schurwald

Einmal quer durch den Schurwald? Laufen? Das hört sich ja richtig nach Stress an! Ist es aber nicht. Im Gegenteil, die Wanderung verläuft fast eben, bis auf den Abstieg vollends nach Winterbach hinunter. Durchhalten muss man nur insofern, dass es unterwegs nur in Hohengehren Möglichkeiten gibt, an Essen oder Getränke zu kommen. Dort besteht auch die einzige Möglichkeit, die Tour abzukürzen und mit dem Bus zurück nach Plochingen oder weiter nach Esslingen zu fahren.

Auch ein bisschen Geographie kann nichts schaden. Der Schurwald, der noch heute zu mehr als zwei Drittel bewaldet ist, erstreckt sich als so genannter Höhenrücken zwischen der Rems im Norden und dem Neckar und der Fils im Süden. Von den Rändern her angenagt und durch viele Täler untergliedert, zieht er sich vom Kappelberg als westlichstem Punkt rund 30 Kilometer ostwärts bis zur Landstraße zwischen Göppingen und Lorch. Wer ihn queren will, möchte natürlich vor allem wissen, wie breit er ist. Kaum zu glauben, dass es nur rund zehn Kilometer sind, für die man dann etwa fünfzehn Kilometer an zu wandernder Strecke rechnen muss.

Noch was Interessantes vorab: Wien hat's, Plochingen aber auch! Was? Ein *Hundertwasserhaus*. Gleich beim Bahnhof, im Bereich Marktstraße-Süd, wurde 1992 bis 1994 im Rahmen der Stadtsanierung eine Geschäfts- und Wohnsiedlung gebaut. Hierbei wurden der Innenhof, die markanten, typischen Fassaden sowie der Regenturm, den oben vier goldene Kugeln krönen, von dem bekannten Künstler Friedrich Hundertwasser gestaltet. Auf Voranmeldung (unter Telefon 0 7 53/70 05-2 04) kann man Führungen buchen.

Mit dem Bus fährt man dann hinauf zum **Stumpenhof**, dem hochgelegenen Ortsteil Plochingens und spart sich so den steilen Anstieg. Gleich gegenüber der Haltestelle kann man einen Abstecher zum Aussichtsturm machen. Der 12,5 Meter hohe so genannte „Jubiläumsturm", den der Schwäbische Albverein 1938 hier anstelle eines älteren Vorgängers errichtete, ermöglicht einen weiten Blick über das Neckartal, sowie über Plochingen und das Hundertwasserhaus. Die Wanderung selbst beginnt an der **Bushaltestelle** mit einem *blauen Kreuz* als Markierung, führt bergauf und nach einem Seitenwechsel, am *Waldfriedhof* vorbei, in den Wald. Ein geschotterter, bequemer Weg, wenig später „Oberer Balkeshauweg" genannt, verläuft eben im Wald. Buchen-, Tannen- und Mischwald wechseln sich ab,

Der Regenturm beim Hundetwasserhaus

bis man schließlich die Straße zwischen Esslingen und Schorndorf erreicht und überquert. Weg und Zeichen führen dabei noch rund 500 Meter weiter geradeaus. Dann steht ein Zeichenwechsel an. An der Weggabelung noch einmal links, bis circa 50 Meter später ein *roter Balken* nach rechts in Richtung Hohengehren weist. Nach der zu überquerenden Straße (der von Aichschieß nach Plochingen), sind es nach Hohengehren, dem Etappenziel des Ausflugs, noch 4,7 Kilometer. Immer dem *roten Balken* folgend, bleibt man auf dem Hauptweg, der auch als „Esslinger Weg" oder „Reitweg" bezeichnet ist. Stellenweise lichtet sich der Wald. Dann sieht man die Weiler Aichschieß und Krummhardt.

Einige Zeit später erreicht man zwei Teiche, die nicht zufällig mitten im Wald liegen. Sie gehörten, eine Tafel am Wegrand verrät es, ursprünglich zu einem Jagdschlösschen. König Friedrich I. hatte den bestehenden Wildpark erweitern und von einer gut zwei Meter hohen Mauer umgeben lassen. Zwei Wächterhäuschen bewachten die Eingänge an der West-Ost-Achse, der der heutige Wanderweg folgt. Das Wächterhäuschen im Osten steht noch. Man kommt auf dieser Route gleich nach Überquerung der Straße daran vorbei, meist jedoch erkennt man es gar nicht als etwas Historisches, hält es eher für ein kleines Bauernhaus.

1839 hob König Wilhelm I. den Wildpark auf. Das Schlösschen verkaufte er an die Gemeinde Altbach. Die Altbacher trugen es Stein für Stein ab und bauten es genau so in Altbach wieder auf, als Rathaus. Noch bis 1975 wurde es als solches weiter benutzt, und als Gebäude steht es da noch immer. Sein alter Standort aber, im Wald kurz vor Hohengehren, trägt noch heute den Namen „Schlösslesplatz".

Am Ende des Waldes, nach der Überquerung der Straße, wandert man den Weg weiter über freies Feld vollends auf **Hohengehren** zu, eine zu Baltmannsweiler gehörende Ortschaft. Der Weg endet an der neu gebauten Umgehungsstraße. Gleich am Orts-eingang wechselt die Markierung. Mit einem *roten Punkt* als Zeichen durchquert man den Ort entlang zur „Hauptstraße". An der Bushaltestelle „Waldhorn" besteht die Möglichkeit abzubrechen und per Bus nach Esslingen oder Plochingen zur S-Bahn zu gelangen. Doch abzubrechen wäre schade. Eher stärkt man sich im direkt am Weg liegenden Gasthof-Metzgerei „Hirsch" (montags Ruhetag, Telefon 0 71 53/4 20 55).

Am Ortsende von Hohengehren muss man halbrechts (der *blaue Punkt* ist etwas versteckt an einem Strommasten angebracht), an den letzten Häusern vorbei in Richtung Wald, orientiert sich dabei am Wasserturm von Schlichten, der allein mitten im Wald zu stehen scheint. Später, an der Weggabelung, geht man links, um auf den „Haubersolweg" zu kommen. Tiefer im Wald gabelt sich der Weg. Sowohl nach links als auch geradeaus weiter, beide Wege führen nach *Winterbach*, beide sind mit der gleichen Markierung bezeichnet. Obwohl es ein Falsch deshalb eigentlich nicht gibt, führt die hier beschriebene Route geradeaus weiter, vor zur Straße. Hier steht der für diesen Ausflug letzte Markierungswechsel an: zu einem *blauen Balken*. Zugleich beginnt auf der anderen Straßenseite der Abstieg nach Winterbach. Recht steil steigt man bergab bis ins Tal, wo sich unten der Lehnenbach in idyllisch schönen Schleifen seinen Weg sucht. Dieses Stück Weg ist inzwischen auch durch neue Tafeln zum *Naturlehrpfad* geworden. Vorbei am gefassten *Saarbrunnen* gelangt man, immer am Bach entlang, zum **Winterbacher Stausee**, in dem vieles erlaubt ist, was anderswo leider längst verboten ist: Man kann baden, auch nackt baden, mit seinem Hund schwimmen und auch sein Schlauchboot, oder ein ferngesteuertes kleines Boot zu Wasser lassen. Und wer sich ins naturbelassene Wasser doch nicht traut und auch Kiosk und sanitäre Einrichtungen nicht missen mag, muss nur ein paar Schritte weiter gehen, um ins **Freibad Winterbach** zu gelangen.

Die Wanderung im meist schattigen Wald, das Ziel am Wasser, das macht den Ausflug auch für heiße Sommertage geeignet. Doch auch im Frühjahr oder Herbst gibt es eine reizvolle Alternative in der *Freizeitanlage „Hinterer Stein"*. Diese bietet eine Feuerstelle, Spielmöglichkeiten auf den Wiesen, auf dem Spielplatz, im Wald, am gefassten Teich oder den kleineren Zuläufen des Stausees.

Nach **Winterbach** hinein und damit letztlich zur S-Bahn-Station ist es nicht mehr weit, man darf sich gerne eine längere Pause gönnen. Doch ein bisschen Zeit sollte auch für den Ort selbst bleiben.

Winterbach ist die älteste Ortschaft im mittleren Remstal. *Fachwerkhäuser* am *Marktplatz* und vor allem die erhöht liegende, ummauerte gotische Wehrkirche (von 1309) lohnen den Gang hinein in den Ort. Auch wer einkehren will, findet genug Auswahl.

Wie kommt man nach Plochingen?
Per VVS: Mit der S-Bahn-Linie S 1 bis Endstation „Plochingen".
  Mit der Bus-Linie 141 oder 149 zum Stumpenhof.

Zurück ab Winterbach per S-Bahn-Linie S 2.

Per Pkw: Plochingen liegt an der B 10. Oder: A 8 (Ausfahrt Wendlingen, Nr. 55) und dann weiter über die B 313.

Weglänge:	Wanderung: ca. 15 km

Aussichtsturm „Jubiläumsturm"

Geöffnet:	am Wochenende; Schlüssel kann auch bei der Volksbank oder im Café Morlock, Teckplatz, zu deren Geschäftszeiten geholt werden.		
Eintritt:	Erwachsene	EUR	0,50
	Kinder	EUR	0,25

Freibad Winterbach
73650 Winterbach

Geöffnet:	Mitte Mai bis Mitte September	9.00 – 20.00 Uhr	
Eintritt:	Erwachsene	EUR	2,50
	Kinder (ab 6 J.)	EUR	1,00
Infos:	Telefon 0 71 81/ 79 41		

Feuriger Elias, Sofa-Zügle, Panoramabahn- und Schönbuch-Express

Zug fahren ist nicht gleich Zug fahren. Man kann mit dem Zug fahren, einfach nur, um irgendwo anzukommen. Da heute die meisten Reisen mit dem Auto oder mit dem Flugzeug erfolgen, kann auch eine solche Zugfahrt Abenteuer und Erlebnis sein. Aber hier ist noch einmal anderes angesagt, es geht um die Fahrt mit einer der so genannten Museumsbahnen, die um ein vielfaches spannender ist. Drei **Museumsbahnen**, der „Feurige Elias", das „Sofa-Zügle" und der „Panoramabahn-Express" werden im Folgenden vorgestellt. Der vierte Zug gehört nicht zu den Museumsbahnen, ganz im Gegenteil: Der „Schönbuch-Express" ist ein modernes, sogar hypermodernes öffentliches Verkehrsmittel, das aber eigens für Ausflugsfahrten konzipiert wurde und deshalb in diesem Rahmen Familien nicht vorenthalten werden darf. Alle Fahrten mit diesen Bahnen lassen sich für Ganztagesausflüge nutzen. Möglichkeiten, zusätzlich etwas zu unternehmen, vor allem aber zu Wanderungen unterschiedlichster Länge, gibt es genug. Ein solcher Tagesausflug soll im Folgenden ausführlich beschrieben werden. An Hinweisen, was man wo mit einbeziehen kann, fehlt es jedoch auch bei den anderen nicht.

„Feuriger Elias" (a)

„Feuriger Elias", so heißt die Dampflokomotive und nach ihr der ganze Zug. Auch die Personenwagen sind Oldtimer. Alle stammen aus der Zeit zwischen 1894 und 1920. Sie sind Dritte-Klasse-Wagen mit Holzbänken und offenen Plattformen. Die dritte Klasse gibt es heute gar nicht mehr, und was uns heute schön und besonders erscheint, war damals die billigste Art zu reisen. Trotzdem fehlt ein Speise- oder wie es hier heißt, ein Restaurationswagen, nicht. Warmer Leberkäse, heiße Rote, Butterbrezeln oder Süßigkeiten werden darin angeboten. Fahrräder und Kinderwagen werden kostenlos im Gepäckwagen transportiert.

„Rund um Stuttgart" lautet in jedem Jahr das Motto zum Saisonstart im Mai. Die zweistündige Fahrt führt dann von Ludwigsburg über Kornwestheim und Zuffenhausen zum Stuttgarter Hauptbahnhof. Weiter geht es dann über Bad Cannstatt, Untertürkheim und über die im Personenverkehr kaum befahrene Güter-Umgehungsstrecke zum Rangierbahnhof Kornwestheim weiter zum Startpunkt Ludwigsburg – oder eben den jeweiligen Zustiegsbahnhof. Man kann den Ausflug nämlich an jedem der sechs Bahnhöfe beginnen, ohne ein einziges Stück der Strecke mehrfach zu befahren. Und bei den gemächlichen 40 Kilometer/Stunde Höchstgeschwindigkeit ist die

Fahrt durch Stuttgart und seine Vororte eine gute Gelegenheit, die Stadt aus einem ganz anderen Blickwinkel kennen zu lernen.

Rund eine Stunde dagegen dauert die reguläre Zugfahrt des Oldtimerzugs von Korntal über Münchingen, Schwieberdingen, Hemmingen und Heimerdingen bis Weissach. Schön und zu einem besonderen Erlebnis wird die Fahrt, wenn man sie zu einem Tagesausflug ausbaut. Am Bahnhofsgebäude in Weissach verweist eine Tafel auf verschiedene Rundwanderungen. Eisenbahnfans haben so die Gelegenheit, zweimal die Museumsbahn zu benutzen, hin und zurück.

Der „Feurige Elias" ist fertig zum Einstieg

Wem eine einfache Fahrt ausreicht, der kann auch nach Weissach wandern. Das ist die schönste, erlebnisreichste Variante für einen solchen Tagesausflug. Von der S-Bahn-Station in Leonberg geht es dann in einem Abschnitt der Glems entlang, durch den Bonländer Wald und einen Zipfel Heckengäu, zum Bahnhof in Weissach und von dort im Zug zurück nach Korntal, von wo aus man mit der S-Bahn wieder Stuttgart erreicht. Wer sich nicht scheut, später auf der Strecke einmal ein paar Treppen zu überwinden, kann den Weg auch per Rad zurücklegen. Im Zug werden Räder ja kostenlos befördert. Sinnvoll jedenfalls ist es, sich etwas Proviant für unterwegs mitzunehmen, zwischen Leonberg und Weissach gibt es nämlich nichts zu kaufen.

Gleich geht's los!

In **Leonberg** verlässt man den Bahnhof an seinem östlichen Ende. Gegenüber dem Lokal „Wangos Keller" findet sich an einem Lampenpfahl ein *blauer Punkt* als Wanderzeichen. Das ist der „Einstieg".

Oder möchte jemand die Gelegenheit nutzen, vor der Wanderung einen Abstecher hinauf in das alte *„Leonberg"* zu machen; oben am Hang liegt nämlich das ehemalige Leonberger Schloss, heute der Sitz von Stadtverwaltung und Amtsgericht. Davor liegt sein zu Recht

Der Pomeranzengarten in Leonberg

gerühmter **Pomeranzengarten**. Dieser hat seinen Namen von den ursprünglich rein zur Zierde in Kübeln angepflanzten Bitter-Orangen, den Pomeranzen. Er gilt als einer der wenigen in Europa noch erhaltenen Terrassengärten aus der Zeit der Hochrenaissance. 1980 wurde er nach Plänen von Heinrich Schickhardt wieder hergestellt und ist seitdem eines der Vorzeigeobjekte in Sachen Gartendenkmalpflege. Vom Garten aus gibt es einen direkten Zugang in den alten Stadtkern Leonbergs. An Sommertagen lässt es sich dort herrlich in einem der Straßencafés sitzen. Für heute aber kehrt man besser an den Ausgangspunkt des Abstechers zurück.

Im Tal wandert man nun weiter. Nach einem kurzen, weniger schönen Stück Wegs gewinnt das Glemstal bald wieder an Reiz. Nächstes Etappenziel ist die *Felsensägmühle*, bei der man die Flussseite wechselt.

Die Mühle hat eine bewegte Zeit hinter sich. 1471 von Graf Eberhard im Bart als Erblehen vergeben, hatte sie im Laufe der Zeit fast alle Funktionen inne, die eine Mühle nur haben konnte: Gerber, die Tierhäute zu Leder bearbeiteten, nutzten sie als Walkmühle zum Weichmachen der Häute, ein Waffenschmied führte sie als Schleifmühle und die letzten Eigentümer machten eine Sägemühle aus ihr.

Etwas später sieht man im steil anstehenden Fels das nachweislich schon im 16. Jahrhundert erwähnte *Hauerloch*. Dann geht es links, unter der Bahnlinie hindurch, und hinauf auf die Höhe. Oben geht man wieder nach links, circa 50 Meter die Straße entlang, um dann in den ersten (unbezeichneten) rechtwinklig abzweigenden Wiesenweg abzubiegen und noch ein Stück weit bergauf zu gehen. So gelangt man zum (leider geschlossenen) Wanderheim. Am Baum links neben der Hütte des Wanderheims findet man wieder einmal den *blauen Punkt* der noch eine Zeit lang als Orientierungszeichen gilt.

Am *Waldgarten*, der 1739 von einem Förster angelegt wurde, heute aber nur noch eine von einer niedrigen Mauer umgebene Wiese ist, muss man gut aufpassen. Ein Wechsel der Wanderzeichen steht an. Den mit blauem Punkt markierten abzweigenden Weg verlässt man, bleibt auf dem unbezeichneten Weg geradeaus, so lange bis wenig später, an einer Kreuzung, nach links ein mit *blauem Balken* markierter Weg abgeht. Der gilt nun bis *Weissach* hinein als Markierung. Solange die Zeichen seltener sind, bleibt man immer auf dem gekiesten, bequemen Hauptweg. Wer sich auf dem letzten Wegstück umsieht, versteht, wie die Gäulandschaften Württembergs zu ihren Bezeichnungen kamen. Das Strohgäu als altbewirtschaftetes Getreideanbaugebiet; das Heckengäu wegen seiner Mäuerchen aus Steinen, die aus den steinigen Äckern herausgelesen und am Feldrand aufgeschichtet wurden, wo sie im Laufe der Zeit dann von Hecken überwuchert wurden.

In **Weissach** wird die Festhalle am Bahnhof immer dann, wenn der „Feurige Elias" fährt, von den örtlichen Vereinen mit Mittagessen, Kaffee und Kuchen bewirtschaftet. Falls bis zur Abfahrt des Zugs noch genügend Zeit bleibt, lohnt es auch, einen Abstecher in den Ort hinein zu machen.

In Weissach steht nämlich eine eindrucksvolle *Wehrkirche*. Sie zeichnet sich durch einen von der Kirche räumlich getrennten und mit Schießscharten versehenen Turm aus.

Die Fahrtage des „Feurigen Elias" sind mit Festen und Veranstaltungen entlang der Strecke gekoppelt. Besonders interessant für Familien ist der „Familientag" Anfang Juni. Alle Kinder bis 15 Jahre fahren in Begleitung der Eltern kostenlos im Dampfzug! Und damit nicht genug: Auch das Straßenbahnmuseum in Stuttgart-Zuffenhausen (s. Kapitel 9) hat an diesem Tag geöffnet. Es verkehrt die Oldtimer-Straßenbahn, und der Mercedes-Oldtimerbus O317G „Gottlieb Schlenkerle" dient als Pendelbus zwischen Straßenbahnmuseum und Bahnhof Korntal, abgestimmt auf die Fahrzeiten des Zuges.

Wie kommt man zum „Feurigen Elias"?

Die Strohgäubahn, der Museumszug „Feuriger Elias", verkehrt nur an wenigen Tagen im Jahr auf der Strecke Korntal – Weissach und zurück. Zwischen Stuttgart Hauptbahnhof und Korntal besteht eine S-Bahn-Verbindung mit der S 6. Wer zuvor wandern will, fährt mit der S 6 nach Leonberg.

Weglänge:	Wanderung: ca. 9 km
Verkehrstage:	Mai bis Dezember, ein bis drei Mal pro Monat, Termine vorab erfragen.

Fahrpreise:

Erwachsene		
einfach	EUR	6,00
Hin- und Rückfahrt	EUR	10,00
Kinder (4 bis 15 J.)		
einfach	EUR	3,00
Hin- und Rückfahrt	EUR	5,00
Familienticket (Eltern und deren Kinder bis 15 J.)		
Hin- und Rückfahrt	EUR	27,00

Sonderfahrt *„Rund um Stuttgart"* zum Saisonstart (genauen Termin bitte jeweils erfragen).

Fahrpreise für die komplette Rundfahrt:

Erwachsene	EUR	9,00
Kinder (4 bis 15 J.)	EUR	4,50
Familienbillett (Eltern und deren Kinder bis 15 J.)	EUR	24,50

Fahrkarten für alle Fahrten gibt es nur im Zug; VVS-Fahrausweise sind nicht gültig.

Infos: GES – Gesellschaft zur Erhaltung von Schienenfahrzeugen Stuttgart e. V., Postfach 71 01 16, 70607 Stuttgart, Telefon 07 11/44 67 06 (abends), Fax /2 48 89 14, e-Mail: info@ges-ev.de;

Internet: www.feuriger-elias.de

„Sofa-Zügle"/„Tälesbahn" (b)

„Sofa-Zügle" und „Tälesbahn" sind die Namen für ein und denselben Museumszug, der auf der Strecke Nürtingen – Neuffen an nur wenigen Tagen im Jahr verkehrt. Er lässt sich gut in Tagesausflüge einbinden. Die Verkehrstage sind alle mit Festen gekoppelt. Es bestehen Busanschlüsse nach Beuren ins Freilichtmuseum oder zum Hohenneuffen, wo im Mai bis August morgens „Kirche im Grünen" ist.

Der *Festreigen* beginnt mit dem Neuffener Bahnfest im Mai, ab dann ist jeden Monat etwas geboten: Reitturnier, „Städtlesfest" oder Weinfest in Neuffen; ein Oldtimertreffen im Freilichtmuseum Beuren bilden das Programm für Sommer und Herbst, bis es dann im Dezember mit einer Fahrt zum Neuffener Weihnachtsmarkt endet.

Unabhängig davon lohnt ein Bummel an den beiden Bahnhöfen der Strecke: In Nürtingen durch die Fußgängerzone des historischen Stadtkerns – mit dem schönen Blick von der Stadtkirche auf den Neckar und durch Neuffen mit seinen schönen Fachwerkhäusern. An den Verkehrstagen der Museumsbahn sind hier auch das Stadtmuseum und das Deutsche Ordenmuseum (Unterer Graben 26) jeweils von 10.00 bis 14.00 Uhr geöffnet.

Wandervorschläge sind übrigens auch noch im Büfettwagen des Zugs erhältlich. Fahrräder werden im Gepäckwagen kostenlos befördert.

Besonders reizvoll ist es, die Gelegenheit zu nutzen, dass an einigen Verkehrstagen der Bahn ein Pendelbusdienst zum **Freilichtmuseum in Beuren** (s. Kapitel 27) eingerichtet ist. Bauernhäuser, Scheunen und Werkstätten aus dem Mittleren Neckarraum und von der Schwäbischen Alb haben dort eine neue Heimat gefunden. Sie sind original wieder aufgebaut, nach historischen Vorgaben eingerichtet und werden bei allerlei Veranstaltungen mit neuem Leben erfüllt. Im „Tante-Helene-Lädle", einem ehemaligen Kolonialwarenladen, kann man an Sonn- und Feiertagen einkaufen, und in der Museumsgaststätte „Steinbüble" ist gut für das leibliche Wohl gesorgt.

Wie kommt man zum „Sofa-Zügle" („Tälesbahn")?
Vom Stuttgarter Hauptbahnhof bis Nürtingen aus mit den Zügen des Regionalverkehrs Richtung Tübingen. Das auch „Tälesbahn" genannte „Sofa-Zügle" fährt ab Nürtingen über Frickenhausen und Linsenhofen nach Neuffen und zurück.

Verkehrstage:	Mai bis Dezember einmal pro Monat. Also unbedingt rechtzeitig die Termine erfragen!		
Fahrpreise:	Erwachsene		
	einfach	EUR	4,00
	Hin- und Rückfahrt	EUR	6,00
	Kinder (4 bis 15 J.)		
	einfach	EUR	2,00
	Hin- und Rückfahrt	EUR	3,00
	Familien (Eltern und deren Kinder bis 15 J.)		
	Hin- und Rückfahrt	EUR	16,00

Auf Teilstrecken gelten ermäßigte Fahrpreise. Fahrkarten sind nur im „Sofa-Zügle" erhältlich, VVS-Fahrausweise sind ungültig.

Infos:	s. o.
Internet:	www.sofazuegle.de

Tipp:
Für beide Züge, den „Feurigen Elias" und das „Sofa-Zügle", können Gruppen ab 10 Personen kostenlos Plätze reservieren. Doch dies nur nach telefonischer oder schriftlicher Voranmeldung. Sie erhalten dann auch 10 % Ermäßigung auf den Fahrpreis.

ℹ️ ***Freilichtmuseum Beuren***
In den Herbstwiesen, 72660 Beuren

Wie kommt man hin?
An den Fahrtagen der Museumsbahn im Juni und im August verkehrt ein Pendelbus zwischen dem Bahnhof in Neuffen und dem Freilichtmuseum in Beuren. Sonst erreicht man Beuren werktags ab Nürtingen mit der Tälesbahn R 81 mit Umstieg in Neuffen auf die Bus-Linie 172 oder 199, sonn- und feiertags mit der Bus-Linie 180.

Geöffnet:	April bis Anfang November		
	dienstags bis sonntags		9.00 – 18.00 Uhr
Eintritt:	Erwachsene	EUR	3,60
	Kinder (ab 6 J.)	EUR	2,30
	Familienkarte	EUR	8,00
Infos:	Telefon 0 70 25/9 11 90-90, Fax /9 11 90-10,		
	e-Mail info@freilichtmuseum-beuren.de;		
Internet:	www.freilichtmuseum-beuren.de		

„Panoramabahn-Express" (c)

Ausgangspunkt des „Panoramabahn-Express" ist der *Stuttgarter Hauptbahnhof.* Aber schon kurz nach der Abfahrt hat die Bahn ihren Weg aus dem Gleisgewirr des Hauptbahnhofs gefunden und fährt in einer weiten Linkskurve hinauf auf die Höhe. Schon bald nähert sich der Zug dem über 500 Meter langen *Kriegsbergtunnel.* Gleich nach dem Tunnel hat man einen weiten Ausblick über den Stuttgarter Talkessel. Einen echten Panoramablick, dem der „Panoramabahn-Express" letztlich seinen Namen verdankt. Um 1900 war das Gelände links und rechts des Bahndamms noch fast reines Wein- und Obstanbaugebiet. Heute sind hier einige der teuersten Wohngegenden Stuttgarts. Gleichzeitig beginnt hier der steilste Abschnitt der Strecke. Hörbar muss sich die Lokomotive anstrengen, um den Anstieg zu bewältigen. Wenn sie schließlich die Anlagen des *ehemaligen Westbahnhofs* erreicht, ist die Vorstellungskraft gefragt: 80 Meter tief unter den Gleisen der Bahn liegen heute die Gleise der S-Bahn-Züge.

Und bevor man noch groß darüber nachdenken kann, ist man selbst wieder in einem Tunnel verschwunden, dem über 250 Meter langen *Hasenbergtunnel.* Weiter führt die Fahrt nun über die ebenfalls schon lange nicht mehr genutzte *Haltestelle „Wildpark".* Das *alte Bahnhofsgebäude* sieht fast aus wie ein Schwarzwaldhaus und liegt mitten im

Wald: Viele Sonntagsausflüge zum Bärenschlösschen oder zur Solitude haben früher hier begonnen. Als letztes Highlight steht die Überquerung des über 30 Meter hohen *Viadukts* über den Nesenbach an, ehe die rund 16 Kilometer lange Fahrt in *Stuttgart-Vaihingen* endet.

Wie kommt man zum „Panoramabahn-Express"?
Per VVS: Mit öffentlichen Verkehrsmitteln zum Stuttgarter Hauptbahnhof.

Verkehrstage:	Mai bis Dezember einmal pro Monat. Also unbedingt rechtzeitig die Termine erfragen!		
Fahrpreise:	Erwachsene		
	einfach	EUR	7,00
	Hin- und Rückfahrt	EUR	11,00
	Kinder (4 bis 15 J.)		
	einfach	EUR	3,50
	Hin- und Rückfahrt	EUR	5,50
	Familienbillett (Eltern und deren Kinder bis 15 J.)		
	einfach	EUR	19,00
	Hin- und Rückfahrt	EUR	29,50
Infos:	s. o.		
Internet:	www.ges-ev.de		

Schönbuch-Express (d)

Der Schönbuch mit seinen ausgedehnten Mischwäldern ist bei Wanderern und Radausflüglern ebenso bekannt wie beliebt. Gründe dafür gibt es viele. Mit einer Fläche, die der Größe des Fürstentums Liechtenstein entspricht, ist er das größte geschlossene Waldgebiet Württembergs. Seit 1972 ist er zudem Naturpark. Und wegen seiner Nähe zu den Verdichtungsräumen der Region Mittlerer Neckar ist er fast zu gut besucht. Die meisten nehmen ihren Ausgangspunkt an einem der 80 Wanderparkplätze.

Dass dem „**Schönbuch-Express**", der das Gebiet bequem, schnell, deckend und dazu umweltfreundlich erschließt, eigentlich noch größere Bedeutung zukommen sollte, braucht deshalb kaum eigens erwähnt werden. Alle Züge des Regio-Shuttle, wie er offiziell heißt, haben Anschluss von und zur S-Bahn. Sie verkehren täglich, halbstündlich und benötigen bis Weil im Schönbuch nur 20 Minuten

Fahrzeit. Von drei Haltestellen in Weil im Schönbuch, „Troppel", „Röte" und „Untere Halde" aus, ist man rasch mitten im „Herzen des Schönbuchs" mit Feuerstellen, Spielplätzen, Wassertretstellen und Schutzhütten. Vom Haltepunkt „Untere Halde" aus fuhren kurzere oder längere Wanderungen auf gut markierten Wegen entweder zurück zum Ausgangs- oder einem der beiden anderen Haltepunkte. Die Endstation der Bahn ist **Dettenhausen.**

In dem ehemaligen Steinhauerort wurde noch bis vor rund 20 Jahren Stubensandstein gebrochen. Man sieht ihn an vielen Häusern im Ort als Baumaterial verwendet. Dabei war er aber längst nicht nur regional bedeutsam. Steine aus Dettenhausen wurden beim Ulmer Münster, dem Kölner Dom und sogar Schloss Neuschwanstein verwendet. Bekannt waren früher auch die Mühlsteine aus Dettenhausen. Das Gestein wurde gleich hier zu fertigen Mühlsteinen behauen, die dann über Plochingen bis in die Schweiz verkauft wurden. Das **Schönbuchmuseum** in der restaurierten Pfarrscheuer erzählt vom Steinbruch, von der Arbeit darin und wie die Menschen damals lebten. Zugleich erfährt man vieles über den Schönbuch selbst, das ehemalige königliche Jagdrevier und den Wald heute.

Wer sich über sein Wochenendausflugsziel rechtzeitig im Klaren war und sich angemeldet hat, kann gleich um die Ecke das „**Kathreehäusle**" besuchen. Klein, fast wie ein Puppenhaus, steht es da noch samt den alten Einrichtungsgegenständen von 1839/40 in der Kirchstraße 15, wo es bis in die frühen 1950er Jahre alleinstehenden Tagelöhnern, Schustern, Maurern oder Waldarbeitern ein Zuhause gab.

Wie kommt man zum „Schönbuch-Express"?
Von Stuttgart mit der S-Bahn-Linie S 1 bis Böblingen, von dort steigt man in den schon wartenden „Regio-Shuttle", den „Schönbuch-Express", der im halbstündigen Takt fährt. Der Zug verkehrt täglich. Es gelten die VVS-Fahrausweise.

Schönbuch-Museum
Ringstraße 3, 72135 Dettenhausen

Wie kommt man hin?
Von der Ortsmitte Dettenhausen in die Schulstraße, dann, in Richtung Kirche, links die Störrenstraße bis zur Ringstraße.

Geöffnet:	Anfang April bis Mitte Dezember
	sonn- und feiertags 14.00 – 18.00 Uhr
Führungen/ Gruppen:	nach Vereinbarung

Infos:	Gemeinde Dettenhausen, Telefon 0 71 57/ 1 26-32, Fax /1 26-15;

Kathreehäusle
Kirchgasse 15, 72135 Dettenhausen

Geöffnet:	nur nach telefonischer Vereinbarung unter 0 71 57/1 26-32
Eintritt:	frei

Tipp:
Für alle, die Spaß an den Oldtimerzügen der Bahn, der Dampf-
lok-Nostalgie überhaupt gefunden haben, lohnt auch ein Ausflug
ins SEH – das *Süddeutsche Eisenbahnmuseum in Heilbronn*. Es
liegt auf dem Gelände des ehemaligen Betriebswerks Heilbronn
und hat sich zur Aufgabe gemacht, neben dem Erhalt der denkmalgeschützten Anlagen dort auch die gesamte Infrastruktur der
Dampflokzeit wieder auferstehen zu lassen. Die Sammlung umfasst drei betriebsfähige Dampfloks, Kleinloks, etliche historische
Wagen und eine Modellbahnanlage.

Wie kommt man hin?
Per Pkw: Über die B 293 Heilbronn – Karlsruhe, Abzweigung
Böckingen-Süd abbiegen; links nach dem Bahnübergang liegt das
Museumsgelände.

Mit öffentlichen Verkehrsmitteln: Bahn bis Heilbronn, Stadtbahn
Heilbronn Richtung Karlsruhe bis zur Haltestelle „Heilbronn-
Sonnenbrunnen". Südlich der Bahnlinie ist das Museumsgelände.

Geöffnet:	März bis Oktober samstags, sonn- und feiertags	10.00 – 18.00 Uhr
Infos:	Telfon/Fax 0 71 62/32 70, oder 0 70 63/61 77, e-Mail: info@eisenbahnmuseum-heilbronn.de;	
Internet:	www.eisenbahnmuseum-heilbronn.de	

Kinderführungen auf dem Flughafen Stuttgart

Am Rollfeld stehen und kaum das eigene Wort verstehen, das Feuerwehrauto bestaunen und kaum über die Räder hinausreichen. So eine Flughafenführung ist eine spannende Sache. Neugierig geworden? Es ist gar nicht so schwer, so etwas zu erleben. Am Anfang steht allerdings die rechtzeitige Anmeldung, besonders, wenn es ein bestimmter Termin sein soll. Angemeldet werden können Gruppen von 6 bis 30 Teilnehmern, die möglichst ungefähr gleich in Alter und Erwartung sein sollen: Klassen, Cliquen, Kindergeburtstage oder was immer es für Gruppierungen geben mag.

Tschüss und guten Flug

Am Tag „X" treffen sich alle Beteiligten, und nach einer kurzen *Einführung* – ältere Teilnehmer sehen noch eine Dia-Show, Kinder wollen lieber gleich los – bricht man auf, den Flughafen einmal „hinter den Kulissen" zu erkunden. Jeder erhält als provisorischen „Ausweis" erst einmal einen Aufkleber. Außerdem gilt für Besucher dasselbe wie für Flugzeuge: Sie wissen nicht, wo's lang geht, müssen dem „Follow me", dem „Einweiser" folgen. Erste Station ist der „Check in", die geheimnisvolle Spalte, in der Urlaubskoffer verschwinden und wie von Zauberhand gelenkt im richtigen Flugzeug auftauchen. Vorbei an der Anzeigetafel („Timetable"), wo alle Flugzeiten festgehalten sind, geht's zur *Sicherheitskontrolle*. Zum ersten Mal wird es spannend. Piepst das Metallsuchgerät? Muss man seine Taschen leeren? Doch schon geht's weiter in die Wartehalle, die man gleich wieder verlässt, um sich die *Gepäckabteilung* näher anzusehen. Genau hier werden nämlich die Koffer gesammelt, sortiert, verladen und schließlich zum Flugzeug gefahren. Danach fährt man endlich hinaus aufs Rollfeld. Das Dröhnen der Motoren klingt noch einmal so laut, wenn man da draußen steht. Überall wird gearbeitet. Maschinen starten und landen. Tankwagen fahren, Passagiertreppen werden herran- oder weggerollt. Gepäckwagen be- oder entladen. Im Bus fährt die Gruppe dann zur *Feuerwehr*, und beobachtet von hier aus, direkt an der Rollbahn, startende und landende Flugzeuge.

Bei der Flughafenfeuerwehr

Anschließend wird die Feuerwehr besichtigt. Es werden die riesigen Schiebetore geöffnet, um die großen PS-starken Fahrzeuge bestaunen zu lassen. 25 Fahrzeuge und 2 Anhänger umfasst der Fuhrpark. Sie sind ständig vorgewärmt, um jederzeit für einen Blitzstart bereit zu sein. Denn nur zwei Minuten dürfen laut internationalen Bestimmungen vergehen, bis sie ihren Einsatzort – an welcher Stelle des Flughafengeländes auch immer – erreicht haben sollen.

Wer wusste übrigens, dass die ersten Flugzeuge 1919 auf dem Cannstatter Wasen starteten, dort wo heute das Frühlings- oder Volksfest stattfindet? Von dort wurde dieser erste Flugplatz im „Ländle" nach Böblingen auf die „Hulb", das heutige Industriegebiet der Stadt, verlegt. Nach Echterdingen kam der Flugplatz erst 1939.

Alle Arbeiten an einem Flugzeug am Boden müssen übrigens sehr schnell gehen. Geld wird nur in der Luft, mit der Beförderung von Passagieren und Gepäck, verdient. Nur 30 bis 40 Minuten stehen die meisten Flugzeuge deshalb auf dem Rollfeld. Gelegentlich werden übrigens auch richtig große Tiere transportiert. Dafür gibt es extra ein Container-Zubringerfahrzeug der schwersten Sorte. Mit Leichtigkeit kann es Pferde oder sogar Elefanten samt ihren Transportkisten zum Flugzeug bringen.

Fragen über Fragen tauchen auf, die der Führer alle sachkundig und geduldig erklärt. Schließlich fährt die Gruppe mit dem Bus zurück zur „Ankunft" und gelangt, an den Ankunftsbändern vorbei, zurück zum Ausgang. Die letzten Erklärungen gelten noch einmal etwas Wichtigem: Dem, was man nicht aus dem Urlaub mitbringen darf, seltene (auch tote) Tiere und Pflanzen und natürlich auch keine Drogen.

Wie kommt man zum Flughafen?
Per VVS: Mit der S-Bahn-Linie 2 oder 3, Haltestelle „Flughafen". Oder mit dem Airport-Bus.

Per Pkw: Der Flughafen liegt an der A 8.

Führungen:		
	montags bis freitags	9.00 Uhr
	montags, mittwochs und freitags	11.00 Uhr
	montags bis donnerstags	14.00 Uhr

Führungen für bis zu 30 Personen nach Voranmeldung möglich, man muss aber lange vorausplanen! Im Internet kann man im Kalender freie Termine suchen und sich gleich eintragen, und zwar unter www.airport-stuttgart.de, „deutschsprachig", „Erlebniswelt, Flughafenführungen", „Über den Führungskalender" (im Text). Preis: EUR 160,00.

Schülerführungen sind ab 10 Personen montags bis freitags, immer vormittags möglich. Für Schulklassen sind diese kostenlos.

Im Rahmen von *Kindergeburtstagen* oder für Kindergärten (ab 6 Jahre, bis 15 Teilnehmer) kosten die Führungen EUR 90,00.

Dauer:	Führung: 1,5 bis 2 Stunden (je nach Interesse der Teilnehmer und ihren mehr oder weniger zahlreichen Fragen).
Infos:	Auskünfte und Anmeldung nur dienstags und donnerstags 11.00 bis 13.00 Uhr unter Telefon 07 11/9 48-23 26.
Internet:	www.airport-stuttgart.de oder www. stuttgart-airport.de

Tipp:

Direkt auf dem Stuttgarter Flughafen gibt es noch etwas interessantes, nicht nur für Kinder übrigens: Die Ausstellung des Albatros Flugmuseum auf der Besucherterrasse. Dort ist die berühmte „Tante Ju"(-52), die inzwischen zumindest dem Namen nach jeder kennt. Für viele neu ist dagegen sicher die zweimotorige L-72, die als „Schlafwagenflugzeug" bekannt wurde, weil während ihres Nachtfluges von Berlin nach Moskau die Sitze jeweils in richtige Betten umgewandelt wurden. Wie viel sich in der Technik seit den 1950er Jahren getan hat, zeigt selbst dem Laien der Blick ins Cockpit eines Verkehrsflugzeuges aus dieser Zeit. Die Ausstellung wird ergänzt durch Propellerflugzeuge, einen Hubschrauber und vielen technischen Ausrüstungsgegenständen.

Albatros Flugmuseum Günther Klaft
Stuttgarter Flughafen, 70624 Stuttgart

Geöffnet:	April bis September	8.00 – 21.00 Uhr	
	Oktober bis März	9.00 – 18.00 Uhr	
Eintritt:	Erwachsene	EUR	2,00
	Kinder (6 bis 15 J.)	EUR	1,00
Infos:	Telefon 07 11/94 80		
Internet:	www.albatros-flugmuseum.de		

Noch ein Tipp:

Das Starten und Landen der Flugzeuge kann man entweder von der Besucherterrasse aus erleben, oder von Gegenüber, am Einkaufszentrum Real, an der Umgehungsstraße von Filderstadt-Bernhausen nach Leinfelden-Echterdingen.

Auf den Fildern um Leinfelden-Echterdingen

Nur 17 Kilometer von Stuttgart entfernt liegt **Leinfelden-Echterdingen**. Zum Glück, denn was es alles an Freizeitmöglichkeiten bietet, ist an einem Tag nicht zu bewältigen: Eine stattliche Anzahl von Mühlen, Wander- und Radwegen, Scatingstrecken, Grillplätzen und familienfreundlichen Einkehrmöglichkeiten, aber auch ein Museum und ein Naturtheater, das „Theater unter den Kuppeln". Dessen Kindervorstellung wird sicher leicht zu einem „Highlight" des Familienausflugs.

Radfahrer und Inliner betrachten die alte Bahntrasse zwischen Musberg und der Burkhartsmühle als ihr Revier, und obwohl es manchmal fast zu gut besucht und für Anfänger unter den Scatern wegen des Gefälles bergab nicht unbedingt geeignet ist, ist es immer eine wunderschöne Strecke mit hübschen Ausblicken unterwegs.
    Auch dass man den Weg verlassen und in einer Mühlen Pause machen kann, ist als weiterer Pluspunkt zu vermerken.

Das unter dem Namen „Siebenmühlental" bekannte Gebiet heißt eigentlich – nach seinem Bachlauf – „Reichenbachtal". Sieben Mühlen waren bereits 1383 im Tal beheimatet, daher der Name. Später hat sich ihre Zahl auf elf erhöht, die teilweise noch bis in die 1920er Jahre die Wasserkraft nutzten. Alle Mühlen hintereinander zu durchwandern ist für eine Familie mit Kindern sicherlich zu anstrengend. Fast wäre es auch schade, weil es unterwegs, so schön und interessant ist, dass dafür genügend Zeit bleiben sollte. Viele Wanderparkplätze und Zugänge erleichtern es, die Tour in einzelne Mühlen oder kürzere Etappen aufzuteilen.
    Von Musberg her gesehen ist die erste Mühle, wie schon der Name sagt, die **Obere Mühle**.
    Die nächste, die **Eselsmühle**, ist sicher für Kinder eine der spannendsten. Auf dem Hof gibt es Hühner, Gänse, Kühe und Schafe und sogar Esel. Sie hat eine Café- und Vesperstube (montags Ruhetag) und einen gut sortierten Bio-Hofladen, u. a. mit Gummibärchen ohne Gelatine (geöffnet: montags bis samstags 9.00 bis 18.00 Uhr). Aber das ist nicht alles. Sie hat noch ein großes Wasserrad (hinter einer Türe versteckt) und eine Fossiliensammlung, unter anderem mit Funden aus Steinheim an der Murr (s. Kapitel 20). Sie ist zudem die einzige Mühle, bei der noch Korn zu Mehl verarbeitet wird. Wie das geschieht, das können sich Schulklassen nach Voranmeldung dort gerne erklären lassen, und das Brot, das man natürlich auch erwerben kann, schmeckt danach noch einmal so gut.

Die Mäulesmühle

Gar nicht weit, auf der anderen Seite des Viadukts der ehemaligen Bahntrasse, dem Revier der Scater und Radler, liegt die **Mäulesmühle**. Sie ist hauptsächlich als das Mundarttheater „Komedescheuer" bekannt. Wer kennt nicht den Hannes, wenn er zum Bürgermeister sagt: „Ich höre mich nicht nein sagen!" Was sie noch hat, ist eine (Garten-)Wirtschaft und ein kleines *Mühlenmuseum*.

Direkt an der alten Straße nach Tübingen, auf der man auch einen Ausflug nach Waldenbuch (s. Kapitel 17) machen kann, liegt die **Seebruckenmühle**. Ihr Name kommt von einer Brücke über zwei inzwischen nicht mehr vorhandene Seen. Heute ist sie Gasthof (montags Ruhetag) mit einer richtig gemütlichen Gartenwirtschaft, die auch einen kleinen Spielplatz hat. Der Maler Hans Hahn-Seebruck hat hier seine Galerie „Weiße Scheune".

Mit dem *roten Punkt* und als Bundeswanderweg geht es nun weiter, tiefer hinein ins eigentliche Siebenmühlental. Die **Schlechtsmühle** ist nicht zugänglich. Sie wird als Bioland-Hof bewirtschaftet.

Die nun folgende **Schlösslesmühle** liegt direkt an der alten Poststraße zwischen Echterdingen und Waldenbuch. Dem zwar breiten, aber sonst unauffälligen Waldweg sieht man nicht an, dass er fast zweihundert Jahre lang nicht nur Stuttgart mit Tübingen verband, sondern als die so genannte „Schweizer Straße" ein überregionaler, wichtiger Verkehrsweg zwischen Frankfurt am Main und Schaffhausen war. Die Mühle ist bewirtschaftet, man kann auch schön draußen sitzen. Die Schlösslesmühle kann man auch gut als Abstecher von der Bahntrasse als Pause beim Scaten einbauen, oder von ihr aus den ebenfalls zu Leinfelden-Echterdingen gehörenden Ortsteil Stetten erreichen, und, falls man mit öffentlichen Verkehrsmitteln unterwegs ist, die Wanderung hier abkürzen.

Die nächste Mühle im Tal, die **Walzenmühle** wurde vor nicht allzu langer Zeit renoviert und beherbergt einen Reiterhof.

Es folgt die **Kochenmühle**, die nach einer Familie Koch so heißt, die sie über Generationen hinweg betrieb. Heute ist ein Teil in privater Hand, ein Teil bewirtschaftet, im Sommer auch mit einem Biergarten. Auch Pferde werden dort gehalten. Wer mag, hat hier eine zweite Gelegenheit, hinauf nach Stetten zu gelangen.

Zwischen Tennisanlage und Schützenhaus nach links kommt man in diesem Fall direkt am **„Theater unter den Kuppeln"** vorbei. Wäre es nicht einmal etwas ganz besonderes, einen Ausflug zur Kindervorstellung am Sonntagnachmittag ins Naturtheater zu machen? Als spontane Idee allerdings dürfte sich der Gedanke als unbrauchbar erweisen. Die Kindervorstellungen sind so beliebt, dass sie meist weit im Voraus ausverkauft sind. Wer mit öffentlichen Verkehrsmitteln unterwegs ist, kann bereits hier oben in Stetten in den Bus steigen. Als Idee sollte man sich dies zumindest im Kopf behalten, selbst wenn man für diesen Tag noch etwas weiter im Tal wandert.

Dort folgt nun die **Kleinmichelsmühle**. Sie ist sicher die unbekannteste der Mühlen, was vermutlich daran liegt, dass sie rein in privater Hand ist. Interessant ist vielleicht trotzdem, dass es eigentlich sogar nicht eine sondern zwei Mühlen sind, die Obere und die Untere Kleinmichelsmühle.

Und ganz zuletzt, wobei sich auch wieder der Kreis mit den Radlern und Scatern schließt, erreicht man die **Burkhardsmühle**. Die eigentliche Mühle ist Sägewerk und Holzhandlung, im Sommer geht es beim Kiosk, wo inzwischen das Gros der Bewirtung erfolgt, oft sehr lebhaft zu. Im Vergleich zu den anderen Mühlen ist es hier nicht so romantisch, aber wegen der idealen Lage nahe der Straße, am Wanderparkplatz, ist sie als Scater-, Radler- und Bikertreff dennoch sehr beliebt. Wer von Musberg her die ganzen Mühlen der Reihe nach abgewandert hat, ist am Ziel und zugleich am Ende des Siebenmühlentals angekommen. Wer mit öffentlichen Verkehrsmitteln angereist ist, oder das Auto in Musberg stehen hat, geht rechts nun noch ein Stück in das Aichtal hinein bis zur *Gaststätte Liebenau* und nimmt von der Haltestelle dort einen Bus der Linie 86 oder 826 zurück nach **Musberg**.

Ein letzter Tipp noch für diejenigen, die gerne Karten spielen: In Musberg ist ein Spezialmuseum für Spielkarten in den Nebenräumen einer Schule versteckt, das **Deutsche Spielkartenmuseum**; auch das ist eine der verschiedenen Zweigstellen des Württembergischen Landesmuseums. Spielkarten gibt es bereits seit vielen Jahrhunderten und an allen Orten der Welt. Sie sind deshalb ebenso Zeugnisse der Kulturgeschichte wie Spiegel der Gesellschaft. Die Sammlung umfasst rund 14 000 Kartenspiele aus 6 Jahrhunderten und 5 Kontinenten. Besonders reizvoll ist die asiatisch-indische Kartensammlung, die zugleich als die weltweit umfassendste und schönste dieser Art gilt.

Spielplatz hinter dem Waldheim in Echterdingen

Wie kommt man ins „Siebenmühlental"?
Per VVS: Mit der S-Bahn-Linie S 2 oder S 3 bis Haltestelle „Leinfelden Bahnhof". Weiter mit der Bus-Linie 86 oder 826 bis Musberg, Haltestelle „Kirchplatz".

Per Pkw: Über die B 27 aus Stuttgart, Ausfahrt Leinfelden-Echterdingen, dann Richtung Leinfelden/Musberg. Unmittelbar vor den ersten Häusern von Musberg, am Friedhof, gibt es Parkmöglichkeiten. Direkt hier endet auch die ehemalige Bahntrasse, heute beliebter Scater- und Radweg.

Weglänge: von Musberg durchs Siebenmühlental bis zur Gaststätte Liebenau (Aichtal): ca. 10 km

„Theater unter den Kuppeln"
Gräbleswiesenweg 32, 70771 Leinfelden-Echterdingen

Wie kommt man hin?
Per VVS: Von Stuttgart mit der S-Bahn-Linie S 2 oder S 3 nach Echterdingen, Stadtbus Linie 38 nach Stetten.
 Oder direkt ab Busbahnhof Degerloch Linie 77 nach Stetten, Haltestelle „Kasparswald", dann 10 Minuten zu Fuß bis in den Gräbleswiesenweg.

Per Pkw: B 27 Richtung Reutlingen bis Ausfahrt „Leinfelden-Echterdingen Süd/Stetten".

Kindertheater: Vorstellungen Mai bis September
                        sonntags und
                        jeden zweiten Mittwoch   15.00 Uhr

Infos: Telefon 07 11/79 51 11

Internet: www.tudk.de

                   Karten erhält man unter anderem bei Easy Ticket, Telefon 07 11/2 55 55 55;

Deutsches Spielkarten-Museum
Zweigmuseum des Württembergischen Landesmuseums Stuttgart, Schönbuchstraße 32, 70771 Leinfelden-Echterdingen

Wie kommt man hin?
Per VVS: Mit der S-Bahn-Linie S 2 oder S 3 Richtung Flughafen, Haltestelle „Leinfelden Bahnhof".

Mit der Stadtbahn-Linie U 5, Endstation „Leinfelden".
Weiter mit der Bus-Linie 35 oder 38, bis Haltestelle „Spielkarten-Museum".

Per Pkw: Über die A 8, Ausfahrt Stuttgart-Möhringen (Nr. 52 A), auf der Stuttgarter Straße Richtung Ortsmitte von Leinfelden; diese geht (nach Überquerung der Musberger Straße) in die Schönbuchstraße über.

Oder über die B 27, Ausfahrt Leinfelden-Echterdingen-Nord (Leitsystem Spielkartensymbole), die L 1208 (Hauptstraße), rechts in die Leinfelder/Echterdinger Straße abbiegen, bis links die Schönbuchstraße abzweigt.

Geöffnet:	donnerstags bis samstags	14.00 – 17.00 Uhr
	sonn- und feiertags	11.00 – 17.00 Uhr
Eintritt:	frei	
Infos.	Telefon 07/11/75 60-1 20, Fax /75 60-1 21, e-Mail: spielkartenmuseum@le-mail.de;	
Internet:	www.spielkartenmuseum.de	

Tipp:
Für Familien, die gerne inlinescaten, lohnt ein Ausflug nach Bietigheim-Bissingen. Dort wurde ein 17 km langer Rundkurs mit blauen Schildern und Wegmarkierungen ausgewiesen, meist an der Enz entlang und abseits von Straßen. Als einzige Schwierigkeit ist ein kurzes steiles Stück (beim Viadukt) zu bewältigen.
Eine Skizze samt Kurzverlauf der Strecke kann man im Internet unter www.3b-tourismus.de/skateweg.php abrufen.

Wie kommt man hin?
Per VVS: Mit dem Zug bis zum Bahnhof Bietigheim-Bissingen, dort ca. 500 Meter Richtung Innenstadt (starkes Gefälle), dann ist man am ersten Scater-Schild.

Per Pkw: Man fährt auf der B 27 nach Bietigheim-Bissingen. Am Wochenende kann man beim Bahnhof kostenlos parken, ansonsten besteht auch die Möglichkeit, bei der Sporthalle/beim Hallenbad am Viadukt kostenlos zu parken. Hier steigt man dann am eigentlichen Endpunkt in den Scaterrundweg ein.

Ein Ausflug nach Waldenbuch

Waldenbuch liegt von Stuttgart aus ungefähr auf halber Strecke nach Tübingen. Es ist ein Ausflugsziel, das bei der ganzen Familie sicher bald wieder auf der „Wunschliste" steht. Das „Museum für Volkskultur in Württemberg" ist mit seinen vielerlei Veranstaltungen für groß und klein gleich reizvoll. Schön wandern kann man obendrein.

Waldenbuch wurde 1296 zum ersten Mal urkundlich erwähnt. Knapp 100 Jahre später wurde es durch die Herzöge von Ursingen an die Grafen von Württemberg verkauft. Herzog Christoph war es, der an Stelle der alten Burg 1592 ein Jagdschloss bauen ließ. Dieses beherbergt heute das Museum. Das Schloss bildet zusammen mit dem Rathaus und der Kirche den Ortskern. Drum herum scharen sich viele sehenswerte Fachwerkhäuser, die man anhand des nummerierten und beschilderten *Stadtlehrpfades* aufsuchen kann.

Doch zurück zum Schloss. Ein bisschen seltsam ist es schon, dass ausgerechnet im ehemaligen Schloss, das heute als Außenstelle zum Württembergischen Landesmuseum in Stuttgart dient, das **Museum für Volkskultur in Württemberg** seinen Platz gefunden hat. Nicht herrschaftliche Gegenstände oder Möbel sind hier ausgestellt, sondern ganz banale Dinge aus dem Alltag „normaler" Menschen. Alles aus einer gar nicht so lange vergangenen Zeit, die trotzdem unwirklich fern scheint. Wer kann sich noch vorstellen, dass die „Gute Stube" der einzig beheizbare Raum war? Welches Kind kann sich vorstellen, dass es etwas Besonderes war und nur kranken Kindern erlaubt, mit dem „Knopfsäckchen" zu spielen, einem Säckchen, in dem die überzähligen Knöpfe gesammelt wurden?

Noch vieles mehr erfährt man bei einem Gang durch die Räume, am besten mit einer der Führungen. Am letzten Sonntag des Monats, um 15.00 Uhr, ist *Märchenstunde* angesagt. Nicht unbedingt bei der Märchentante, es gibt auch viele Erzähler. Es werden alte, aber auch neue Märchen erzählt, die so spannend sind, dass auch Erwachsene gerne zuhören. Natürlich kann man auch etwas nach Hause mitnehmen: Für Kinder gibt es historische Ausschneidebögen, für Erwachsene Nachbildungen originaler Ofenkacheln oder Gebäckmodeln zu kaufen. Einmal im Monat ist *Familienprogramm*. Immer neue Themen werden anschaulich vorgestellt. Dann darf gebastelt, gespielt oder gemalt werden. Die genauen Themen und Termine erfährt man aus dem im Museum erhältlichen Programm sowie aus den Veranstaltungskalendern in der Presse.

Im Museum für Volkskultur

Trotz des Museumsprogramms sollte man auch einmal die Umgebung erkunden und erwandern. Als Ausgangspunkt dafür dient die **Bushaltestelle „Post"**, an der Straße nach Tübingen. Nur kurz geht es die Straße Richtung Tübingen entlang bis zur Abzweigung Richtung Weil im Schönbuch. Von hier an weist der *rote Punkt* am Pfosten des Schildes „Im Seitenbach" den Weg ins Segelbachtal. An den wechselnden Flurbezeichnungen Segelbach/Seitenbach darf man sich nicht stören, der Weg ist durch die Markierung eindeutig bezeichnet. Vorbei am *Damwildgehege* kommt man zur *Seitenbachmühle*, einer Getreidemühle. Ihr Name erinnert nicht zufällig an das Müsli. Das hat hier seine Heimat. Und schon seit 1784 wird hier Mehl gemacht, das heute gleich zu Nudeln in vielen Formen und Geschmacksrichtungen weiter verarbeitet wird und ebenso wie Fleisch- und Wurstwaren (von Tieren aus eigener Aufzucht) im Hofladen verkauft werden. Nur wenige Meter weiter ist man schon beim „Schützenhaus" (geöffnet samstags ab 14.00 Uhr, sonntags ganztägig, Telefon 0 71 57/ 2 01 95 oder /39 03), das einen kleinen *Spielplatz* am Haus hat.

Weiter ins Tal hinein, am Waldrand links entlang, streift man kurz hintereinander zwei schön gelegene *Grillplätze*. Der *rote Punkt* begleitet weiterhin den Weg, neben dem ein kleiner Bach plätschert. Nach einer Weile taucht die Straße nach Weil im Schönbuch auf, die einzige, die man auf dieser Wanderung überqueren muss. Links am Hang liegt der Reitstall Schönbuch, unten im Tal das Hochwasser-Rückhaltebecken. Es dient dazu, Überschwemmungen zu verhindern und Hochwasser geordnet abfließen zu lassen. Hier wechselt zugleich die

Pause am Bach

Markierung. Mit dem *blauen Punkt* als Zeichen geht es weiter. Gleich nach einer Rechtsbiegung gerät die *Totenbachmühle* ins Blickfeld. Da ihr Betrieb längst eingestellt ist und sie ausschließlich privat genutzt wird, kann man sie jedoch getrost „links liegen" lassen und geradeaus weiter in Richtung Obere Raumühle gehen. An der Weggabelung „Reutestelle 4/5" geht es rechts, der Punkt taucht erst in der Linkskehre wieder auf. Der Weg führt durch Wald in dem riesige uralte Eichen auffallen, bis er sich, scheinbar ohne Markierung, gabelt. Wir folgen dem zunächst befestigten, später unbefestigten Weg, rechts am Schießstand vorbei, geradeaus weiter. Schließlich gelangt man bergab, ehe der Weg am Waldrand in der Mitte zwischen zwei Mühlen endet: der *Oberen* und der *Unteren Raumühle*.

Die „**Obere Raumühle**" ist heute ein Landgasthaus (dienstags bis sonntags 11.30 bis 22.00 Uhr geöffnet, Telefon 0 71 57/98 70 58) und einen Abstecher wert. Es gibt einen Biergarten und ein kulturelles Programm, das von Vernissagen bis zum Stabpuppenspiel für Kinder reicht. Ein Esel und ein paar Ziegen begrüßen die Besucher.

Oder man schlägt den direkten Weg zurück nach Waldenbuch ein. Immer im Tal, dem Weg mit einem *blauen Kreuz auf weißem Grund* folgend, geht man oberhalb der (privat genutzten) **Unteren Raumühle** am Waldrand entlang, vorbei am *Rohrwiesensee*, einem Fischwasser. Man kommt auch zur *Schokoladenfabrik Ritter*. Führungen werden dort zwar nicht gemacht, aber man kann Schokolade im Werksverkauf erstehen. Gleich darauf sind die ersten Häuser *Waldenbuchs* wieder in Sicht. Beim Brunnen am „Gasthof Linde" (montags, dienstags, mittwochs ab 17.00 Uhr; sonntags 10.00 bis 13.00 Uhr geöffnet) biegt nach links ein Weg ab, die „Uhlandshöhe", auf dem man abseits der Straße, rasch vollends hinab und zurück zum Ausgangspunkt, der **Bushaltestelle „Post"**, der Wanderung gelangt.

Museum für Volkskultur in Württemberg
Außenstelle des Württembergischen Landesmuseums Stuttgart, Schloss, 71111 Waldenbuch

Wie kommt man hin?
Per VVS: Mit der S-Bahn-Linie S 2 oder S 3 bis Haltestelle „Leinfelden Bahnhof", weiter mit der RBS-/SSB-Bus-Linie 86 oder 826 (Richtung Tübingen) bis Haltestelle „Post" in Waldenbuch.

Per Pkw: B 27 bis Ausfahrt Leinfelden-Echterdingen. Immer geradeaus auf der Hauptstraße durch Echterdingen hindurch via alte B 27 über Steinenbronn nach Waldenbuch

Weglänge:	ca. 7 km		

Geöffnet: dienstags bis samstags,
und feiertags   10.00 – 17.00 Uhr
sonntags   10.00 – 18.00 Uhr

Führungen: sonntags   15.00 Uhr

Eintritt: Erwachsene   EUR   2,00
Kinder (ab 14 J.)   EUR   1,00

Sonderführungen: Anmeldung: Telefon 07 11/2 79-34 00

Infos: Telefon 0 71 57/82 04, Fax /52 00 79;

Internet: www.volkskulturmuseum-schloss-waldenbuch.de

Hofladen Seitenbachmühle

Wie kommt man hin?
Siehe oben. Richtung Weil im Schönbuch, dann der Beschilderung „Schützenhaus Waldenbuch" und „Seitenbachmühle" folgen.

Geöffnet: montags bis freitags   9.00 – 18.30 Uhr
samstags   9.00 – 14.00 Uhr

Infos: Telefon 0 71 57/7 22 69, Fax /2 02 31;

Schokoladenfabrik Ritter
Schokoladenmuseum und Werksverkauf, Alfred-Ritter-Straße 25, 71111 Waldenbuch

Wie kommt man hin?
Parkplatz und Verkaufsraum sind neben der Werkspforte.

Geöffnet: montags bis freitags   8.00 – 18.30 Uhr
samstags   8.00 – 12.30 Uhr

Infos: Telefon 0 71 57/97-0, Fax /97-3 99,
e-Mail: info@ritter-sport.de;

Internet: www.ritter-sport.de

Vogelkunde in Sindelfingen

Vögel haben ganz einfach ihren Reiz. Für Kinder sowieso. Sie sind hübsch anzusehen und durch ihr Hüpfen, kurzes Auffliegen und ihre Laute immer spannend zu beobachten. Und genau deshalb sollte man nicht versäumen, einmal einen Ausflug nach Sindelfingen zu machen, wo man nicht nur viele Vögel sehen, sondern auch vieles über sie lernen kann.

An kaum vermuteter Stelle, mitten drin in einem Gewerbe- und Wohngebiet, findet man in Sindelfingen (gleich rechts vom Einkaufszentrum Breuningerland) unverhofft eine grüne Oase, den **Freizeitpark Goldbachtal** und die Kleintieranlage vom **Verein für Geflügel- und Vogelfreunde Sindelfingen e. V.** Vielleicht sind manche schon oft dagewesen, ohne den Freizeitpark zu bemerken? Zentrum des Parks sind der Goldbach und diverse Teiche. Wilde Enten leben hier neben Kranichen und einem Pfau. Drum herum reihen sich Käfige. Da pfeift und zwitschert es nur so. Nestjunge Wellen- und Nymphensittiche oder Kanarienvögel stehen zum Verkauf. Aber auch Enten, Hühner, Gänse oder Fasane züchtet man hier. Ein Stück weiter ist ein großer See angelegt. Dass man Vögel in Volièren nicht füttert, ist ja selbstverständlich, aber auch den frei lebenden Enten oder Schwänen sollte man kein Brot von zu Hause mitbringen. Warum, steht auf Schildern am See:

> Allzuviel ist ungesund,
> wir Enten werden kugelrund.
> Reste, die im Wasser bleiben
> und den Sauerstoff vertreiben,
> schaden Fischen und dem Leben,
> also bitte, nichts mehr geben.

Am See liegen außerdem die Gaststätte „Goldbachsee" (kein Ruhetag) und zwei *Spielplätze*. Einer ist für kleinere Kinder sehr hübsch in Form einer Burg mit Palisaden, Türmen und einer Hängebrücke angelegt. Auch einen Sandkasten sowie verschiedene Spielgeräte gibt es. Der andere verfügt über eine Rampe für Skateboardfahrer, Tischtennisplatten, eine Feuerstelle und Reifenschaukeln. Ein Stück weit bachaufwärts gibt es sogar einen richtigen *Abenteuerspielplatz* und eine *BMX-Bahn*. Beide gehören zum Jugendhaus Süd am Ende des Parks, das an Werktagen nachmittags von 13.30 bis 18.00 Uhr geöffnet ist.

Wer nun noch mehr und Näheres über Vögel und Natur erfahren will, sollte sich in einen der Stadtbusse setzen und zum **Vogel- und**

Naturschutzzentrum beim Badezentrum fahren. Hier werden Seminare, Exkursionen, Schülerprogramme, Naturerlebnistage und Kindergeburtstage zu den verschiedensten Naturthemen wie Bach, Wald, Wiese, Vögel oder Insekten angeboten. Beim Seminar „Vögel beobachten", das für Kinder schon ab acht Jahren geeignet ist, zum Beispiel, lernt man viel über die bevorzugten Aufenthaltsorte heimischer Vögel und ihre Lebensweise. Vögel kann man anhand ihrer Stimmen, aber auch durch ihre Federn oder ihre Spuren bestimmen lernen.

Was habt ihr denn gefangen?

Die Räume des Zentrums beherbergen umfangreiche Sammlungen, einen Vortragssaal, eine Bibliothek und eine Projektwerkstatt. Auch ein momentan 0,8 Kilometer langer *Lehrpfad* im Außengelände gehört dazu. Leitgedanke dieses in der Bundesrepublik einmalig kommunalen Zentrums ist es, den Kontakt zur Natur zu fördern und dadurch ein Verantwortungsbewusstsein für die Natur zu entwickeln.

Und hier, am Rande des Sindelfinger Stadtwaldes, können Theorie und Praxis geradezu ideal miteinander verbunden werden. Zumal als seltener Glücksfall verschiedene Waldformen, Streuobst- und Auewiesen sowie Steh- und Fließgewässer in enger Nachbarschaft zum Zentrum gelegen sind. Sein Programm ist deshalb auch besonders vielfältig: Es gibt Veranstaltungen, bei denen Spuren aller möglichen Tiere gesucht, bestimmt und ausgegossen werden, so dass, wer Freude daran hat, am Ende eine eigene Spurensammlung besitzt. Andere wollen vielleicht lieber lernen, wie man Vögeln, und nicht zu vergessen den für sie lebenswichtigen Insekten, Brutstätten bauen kann.

Und für die, die wissen wollen, welche Vögel da gerade zwitschern oder pfeifen, gibt es im Zentrum Bänder mit Vogelstimmen, Eier, Federn sowie Präparate, an denen man die für die Praxis notwendige Theorie lernt. Denn frei lebende Vögel sind nicht so einfach zu beobachten; und selbst, wenn man sie hört, ist ja nicht gesagt, dass sie sich auch zeigen. Weil man zum großen Teil draußen ist, sollte übrigens wetterfeste Kleidung selbstverständlich sein, am besten auch ein eigenes Fernglas und eine Lupe. Andere benötigte Materialien oder Geräte werden, sofern nicht ausdrücklich anders vereinbart, jeweils gestellt.

Auch das gleich nebenan liegende **Badezentrum Sindelfingen** sollte man einmal mit einplanen. Gut ausgestattet, mit Hallen- und Freibadbereich, eignet es sich zudem auch dazu, Eltern die Zeit, in der ihre Kinder im Vogel- und Naturschutzzentrum sind, angenehm zu vertreiben. Informationen zu dort möglichen Geburtstagsfeiern erhält man an der Kasse oder beim Sport- und Bäderamt Sindelfingen (s. Info-Teil).

Freizeitpark am Goldbach

Wie kommt man hin?
Per VVS: Mit der S-Bahn-Linie S 1 bis Sindelfingen, Haltestelle „Goldberg". Anschließend Fußweg über die Autobahn zur Bushaltestelle „Sindelfingen Leipziger Straße" und weiter mit der Bus-Linie 711 Richtung Breuningerland bis Haltestelle „Schwertstraße". Zugang über den Eingang Ecke „Schwert-/Eschenbrünnlestraße", der am östlichen Ende des Parkplatzes am Einkaufszentrum Breuningerland liegt.

Per Pkw: Über die A 81, Ausfahrt Sindelfingen (Nr. 21) in Richtung Breuninger-Land (dieses ist von der Autobahn bereits sichtbar).

Geöffnet: Park und Volièren sind frei und kostenlos zugänglich.

VIZ, Vogel- und Naturschutzzentrum Sindelfingen
Hohenzollernstraße 17/Freibad, 71065 Sindelfingen

Wie kommt man hin?
Das Vogel- und Naturschutzzentrum befindet sich wenige Meter rechts vom Haupteingang des Badezentrums an der Hohenzollernstraße in einem Nebengebäude des Badezentrums.

Per VVS: Mit der Bus-Linie 708 erreichbar ab ZOB Sindelfingen, Haltestelle „Badezentrum".

Oder mit der S-Bahn-Linie 1, Haltestelle „Goldberg", umsteigen in Bus-Linie 708 Richtung Eichholz, Haltestelle „Badezentrum".

Geöffnet:	dienstags und jeden 1. Sonntag im Monat
	9.00 – 12.00 Uhr
	und 14.00 – 18.00 Uhr
	sowie nach Vereinbarung

Eintritt: Der Besuch des Zentrums ist frei; für Seminare wird ein Unkostenbeitrag von EUR 1,50 pro Kind/Teilnehmer erhoben.

Infos: Telefon 0 70 31/87 67 97, Fax /87 97 98, e-Mail: VIZ@Sindelfingen.de;

Internet: www.viz-sifi.de

Tipp:
Wer sich für die Veranstaltungen und die Arbeit des Zentrums interessiert, kann das halbjährlich erscheinende Programm kostenlos beim Zentrum anfordern.

Badezentrum Sindelfingen
Hohenzollernstraße 23, 71067 Sindelfingen

Wie kommt man hin?
Siehe oben: VIZ.

Infos: Badezentrum, Telefon 0 70 31/86 02-0, Fax /86 02-20, e-Mail: info@badezentrum.de;

oder: Sport- und Bäderamt Sindelfingen, Telefon 0 70 31/94-3 64, Fax /94-3 65, e-Mail: sport_und_baederamt@sindelfingen.de;

Internet: www.badezentrum.de

Im Wild- und Erlebnispark Tripsdrill

„Mit den Wölfen heulen", unter diesem Motto stehen die Familien-
zeltlager, die an drei Wochenenden im August beim **Wildparadies
Stromberg**, einem Teilbereich des Erlebnisparks Tripsdrill, angeboten werden. Hierbei gehen kleine und große Abenteurer frühmorgens
auf Pirsch, mittags zur Wildfütterung und in der Dämmerung zu den
Wölfen. Dazwischen lernen sie zum Beispiel, wie man ohne Feuer-
zeug Feuer macht, sowie viel über das Leben und die Verhaltenswei-
sen wilder Tiere. Und abends dann noch Grillen am Lagerfeuer...

Der Leitwolf holt sich den größten Brocken

Aber auch diejenigen, die hier nicht übernachten dürfen, erleben
fast Unglaubliches: Wildhüter Wolfgang Weller nimmt eine begrenz-
te Anzahl Freiwilliger mit in das *Wolfgehege* zur Fütterung. Die Besucher bilden nahe der Eingangstür einen Halbkreis. Wolfgang Weller geht dann den Wölfen entgegen und bringt das Rudel dazu, ihm
zu folgen. Er versucht, die Wölfe dazu zu bringen, dass sie sich ihre
Fleischbrocken direkt neben den Besuchern zu holen. Bis auf zwei
Meter nah kann man dabei einem Wolf kommen, wenn er sich sein
Futter schnappt. Für einen Wolf, sogar den jungen und selbstbewus-
sten Leitwolf „Sascha", kostet das ganz schön viel Überwindung. Er
ist ein Wildtier und soll es auch bleiben, darauf wird bei der Haltung
Wert gelegt. Und Wildtiere gehen Menschen soweit sie können aus
dem Weg. „Rotkäppchen und die Oma sind bislang die einzigen
Menschen, die vom Wolf gefressen wurden", erklärt Wolfgang Weller.
Dann geht die Wildfütterung weiter zu den *Luchsen* und *Bären*.
Schon ist geplant, sie zu erweitern: Erst in diesem Jahr wurde hier
die größte *Vogelvoliere* für Geier und Adler fertig gestellt, die es derzeit in Deutschland gibt. Sobald die Vögel sich vollends eingelebt

und zu den Tierpflegern ein Vertrauensverhältnis aufgebaut haben, dürfen Besucher auch bei der Fütterung der *Raubvögel* hautnah dabei sein.

Kinder begeistern sich aber auch für das *Damwild* und die *Mufflons*, die man selbst füttern darf, für den Walderlebnispfad und den tollen Abenteuerspielplatz.

Auch die Bären müssen nicht hungern

Und natürlich kann man hier auch tolle *Kindergeburtstage* feiern: Ab fünf zahlenden Gästen ist zudem die schön dekorierte Geburtstagstafel zusätzlich zum Essen eingeschlossen, ab acht auch die Betreuung der Kinder mit Spielen und Kinderschminken.

Das Wildparadies Stromberg ist nur zehn Minuten Fußweg, oder besser noch eine Fahrt im „Stromberg-Express", der die beiden Parkteile verbindet, vom Erlebnispark Tripsdrill entfernt.

„Tripsdrill", das für alle, die sich über diesen Namen wundern, soll auf den römischen Hauptmann Trepho zurückgehen, der den Ort angelegt und seiner Frau Truilla zuliebe Trephonis truilla genannt haben soll. Mittlerweile steht „Tripsdrill" sogar in der Topographischen Karte verzeichnet. Was also ist da geschehen?

Ein findiger Gastwirt hatte zunächst nur die dortige alte Mühle renoviert, mit einer Rutsche ausgestattet, zur „Altweibermühle" umbenannt und die „Sage" ins Spiel gebracht, wer eine alte Frau oben hineingehen lasse, könne unten eine wieder jung und schön gewordene abholen. Inzwischen hat sich drum herum ein **Erlebnispark** entwickelt, zu dem in jedem Jahr neue Attraktionen kommen. Im Tagespass ist der Eintritt in beide Parkbereiche enthalten. Übers Jahr verteilt gibt es inzwischen zusätzlich vielerlei Event-Termine, über die es sich rechtzeitig zu informieren lohnt; zumal für diese Veranstaltungen oft keine zusätzlichen Kosten anfallen.

Wild und Erlebnisparadies Tripsdrill GmbH & Co.
74389 Cleebronn (Gebiet: Stromberg)

Wie kommt man hin?
Per Bahn: Bahnhof Bietigheim-Bissingen, weiter mit dem RBS (Regional Bus Stuttgart) bis Haltestelle „Wildparadies Stromberg". Infos und Abfahrtszeiten erhält man unter Telefon 0 71 41/9 31 30.

Per Pkw: A 81, Ausfahrt Mundelsheim (Nr. 13). Von dort geht es beschildert über Kirchheim und Bönnigheim Richtung Tripsdrill bei Cleebronn. Der Erlebnispark liegt am Fuße des weithin sichtbaren Michaelsbergs.
Wer sich auskennt, kann die A 81 auch an der Ausfahrt Ludwigsburg-Nord (Nr. 15) verlassen und über Bietigheim-Bissingen, Löchgau, Erligheim, Bönnigheim nach Tripsdrill fahren.

Geöffnet:	April bis Anfang November
	täglich 9.00 – 18.00 Uhr
	Wildfütterung
	sonntags bis donnerstags 14.30 Uhr
Eintritt:	*Tageskarte Wildparadies:*
	Erwachsene EUR 6,00
	Kinder (4 bis 11 J.) EUR 4,00
	Tagespass (Erlebnispark *und* Wildparadies):
	Erwachsene EUR 17,00
	Kinder (4 bis 11 J.) EUR 15,00
	Kindergeburtstage müssen mindestens 8 Tage vorab angemeldet werden; Preis: pro Kind (4 bis 11 J.), Essen inklusive, EUR 18,00; pro Begleitperson ohne Essen: EUR 17,00;
Infos:	Telefon 0 71 35/99 99, Fax /9 99-6 66, e-Mail: info@tripsdrill.de;
Internet:	www.tripsdrill.de

In Steinheim an der Murr

Steinheim an der Murr, das nur rund 30 Kilometer nordöstlich von Stuttgart liegt, ist als Ausflugsziel im ersten Augenblick vielleicht weniger bekannt. Zu Unrecht. Dort gibt es nämlich allerhand zu sehen und zu bestaunen. Allem voran das **Urmensch-Museum**, auch das übrigens eine Zweigstelle des Staatlichen Museums für Naturkunde Stuttgart. Im Mittelpunkt steht, wie könnte es anders sein, zu Recht der Fund, der Steinheim bekannt gemacht hat: der Schädel des Steinheimer Urmenschen, des so genannten „Homo Steinheimensis". Der

Der Marktplatz in Steinheim

1933 in einer Kiesgrube entdeckte Schädel gilt selbst heute noch als der vollständigste Urmenschenschädel aus Deutschland. In die Forschung als Steinheimer Mensch eingegangen, glaubt man aber zu wissen, dass es sich um eine Frau handelte, und schätzt ihr Alter auf inzwischen stolze 250 000 Jahre, oder anders ausgedrückt, eine viertel Million Jahre.

Der Wert des Schädels liegt vor allem darin, dass er ein wichtiges Mosaiksteinchen ist, mittels dem man die Entwicklung des Menschen nachvollziehen kann: Von den Frühmenschen, die durch den eine halbe Million Jahre alten „Heidelberger" belegt sind, über die Altmenschen, die „Neandertaler", nach ihrem Fundort Neandertal bei Düsseldorf benannt, bis hin zu den Neumenschen, die mit dem „Homo Steinheimensis" erstmals auftauchen und mit anderen frühen Angehörigen des „Homo Sapiens" von der Welt Besitz ergriffen, geht die Entwicklungsreihe. Das alles mag schwierig klingen, ist aber im Museum, das didaktisch vorbildlich gestaltet ist, viel leichter zu verstehen. Dazu trägt auch die non-stop laufende Tonbildschau bei, die etwa eine halbe Stunde dauert.

Zwischen Steinheim und Murr wurde vom Ende des 19. Jahrhunderts bis etwa 1965 an zahlreichen Stellen Kies und Sand abgebaut. Aus ganz verschiedenen Zeitaltern wurden dabei auch faszinierende Tierskelette, unter anderem von Wildpferden, Hirschen, Bären und sogar Steppenelefanten gefunden. Man fand so viele Elefantenskelette, dass man sogar vermutet, die sumpfige Senke sei von alten und kranken Elefanten aufgesucht und als „Elefantenfriedhof" genutzt worden. Kein Wunder also, dass der zweite „Star" des Museums das Skelett eines Steppenelefanten ist, für den das Museum einen Anbau bekommen hat, da er mit seinen beeindruckenden 5 Metern Höhe und 2,70 Meter langen Stoßzähnen anders nicht unterzubringen war.

Steinheim hat einen historischen Stadtrundgang ausgeschildert, der gerade in Verbindung mit dem Museumsbesuch noch gut zu machen ist. Immerhin sieht man vom Marktbrunnen aus drei ehemalige Stadttore, kommt an den Gruben vorbei, aus denen die Funde stammen, und kann ein großes Wasserrad und eine als Denkmal aufgestellte Dampflokomotive bestaunen.

Man kann den Ausflug aber auch mit einer hübschen Wanderung rund um **Steinheim** verbinden, oder die Tour per Rad machen. Vom *Museum* aus ist man mit wenigen Schritten am *Rathaus* mit seinem schönen Fachwerk. 1634 brannte es ab, wurde aber 1686 wieder aufgebaut und bekam den Dachreiter mit der Glocke, die den Magistrat zu Sitzungen und, so erzählt man, säumige Steuerzahler gerufen haben soll. Es heißt, ihr Läuten habe wie „Lauf schnell, bring' Geld! Lauf schnell, bring' Geld!" geklungen.

Vom Marktplatz aus geht man links, die „Marktstraße" und die „Ludwigsburger Straße" entlang. Der erste kurze Aufenthalt gilt dem *Wasserrad* an der Bottwar, das für die Sägerei und Stuhlfabrik 1898 gebaut wurde und in dieser Gegend eine gewisse Besonderheit darstellt.

Das Wasserrad an der Bottwar

Weiter auf dieser Straße erreicht man den *alten Bahnhof* Steinheims. Zur Erinnerung an die längst abgeschaffte Bottwartalbahn steht hier noch die alte *Dampflok* von 1918, die immerhin noch bis 1966 in Betrieb war, und das, obwohl ihre Höchstgeschwindigkeit ganze 30 Kilometer pro Stunde betrug! Über die „Höpfigheimer Straße", die „Adalbert-Stifter-Straße" und die „Lehenstraße" verlässt man die Stadt. Eine Zeit lang kann man nun dem Zeichen des Albvereins folgen, einem *blauen Balken auf weißem Grund*. An den Sportplätzen der Blankensteinschule vorbei führt der Weg durch Obstwiesen, Wiesen und Felder durch ein weites offenes Tal, stets rechts des Riedbaches. Erst bei den ersten *Aussiedlerhöfen* von Kleinbottwar, verlässt man den markierten Weg (der dann unter der Landstraße hindurch führt) und geht zwischen den Höfen auf dem breiten asphaltierten Weg weiter. Einer der Höfe ist das Weingut Waldbüsser (Telefon 0 71 48/83 53), das im Juni eine Zeitlang den „Sommerbesen" hinaushängt, mit Bewirtung im Freien. Zwischen Gehöften hindurch, gelangt man weiter, geradewegs nach *Kleinbottwar* hinein, das inzwischen übrigens längst nach Steinheim eingemeindet ist.

Die Burg links am Horizont ist der Lichtenberg, der von Hof und Lembach/Großbottwar aus zugänglich ist. In Kleinbottwar, wo es übrigens auch etliche Einkehrmöglichkeiten gibt, führt der Weg weiter geradeaus auf die *Kirche* zu, vor der man links dem Schild „Friedhof" folgt. Am *Friedhof* und seinem Brunnen vorbei, ist wieder freies Feld erreicht. Die erste Möglichkeit nach dem Brunnen rechts und gleich darauf links, so erreicht man den *Wehrbachsee*. Wiesen an seinem Ufer laden zum Spielen ein, ein Feuer darf man nicht machen. Weiter geht es auf dem asphaltierten Weg, dem Radweg „Forsthof" zum Hotel und Waldgasthof Forsthof (kein Ruhetag), der sich für eine Einkehr zur Kaffeestunde eignet.

Für den Rückweg nach Steinheim überquert man am Wanderparkplatz „Forsthof" die Straße und folgt, erst am Waldrand entlang, dann über einen freien Höhenrücken, dem Weg, der mit den *Ziffern 7* und *8* sowie einem *roten Kreuz auf weißem Grund* gekennzeichnet ist. Links sieht man nun den Weiler Lehrhof liegen, rechts streift der Blick vom Wunnenstein über Bietigheim bis zum Asperg. An der höchsten Stelle des Höhenrückens teilt sich der Weg. Rechts führt er hinunter, direkt auf *Schloss Schaubeck* zu, das auf römischen Resten als badische Ministerialenburg errichtet, 1272 erstmals erwähnt wurde. Seit 1914 ist es im Besitz und Wohnsitz der Grafen Adelmann von Adelmannsfelden, denen auch das benachbarte Weingut gehört. Am Schloss vorbei, gelangt man, ohne weiter auf Wegmarkierungen achten zu müssen, zurück ins Zentrum von **Steinheim**.

Wie kommt man nach Steinheim?
Per VVS: Mit der S-Bahn-Linie 4 bis Haltstelle „Marbach/Neckar", dann weiter mit der Bus-Linie 460, 461 oder 462, Haltestelle „Steinheim Bahnhof" oder „Steinheim Kelter".

Per Pkw: Über die A 81 Ausfahrt Pleidelsheim (Nr. 14), dort auf die L 1125 links abbiegen (Richtung Murr/Steinheim), an Murr vorbei (auf die L 1100) weiter Richtung Steinheim. Über die Murrer und die Ludwigsburger Straße zum Marktplatz.

Urmensch-Museum
Kirchplatz 4 (Hans-Trautwein-Haus), 71711 Steinheim an der Murr

Geöffnet:	dienstags bis sonntags		
	und feiertags	10.00 – 12.00 Uhr	
	und	14.00 – 16.00 Uhr	
	April bis September	bis 17.00 Uhr	
Eintritt:	Erwachsene	EUR	2,00
	Jugendliche/ermäßigt	EUR	1,00
Infos:	Telefon 0 71 44/2 12 26		
Internet:	www.stadt-steinheim.de		

21 Prinz oder Prinzessin für einen Tag

Von Schloss zu Schloss in Ludwigsburg

„Heute nehme ich mir den ganzen Tag frei, regieren kann ich morgen wieder", sagt Alfons der Viertelvorzwölfte. Der regierte zwar nur in der Augsburger Puppenkiste, aber der Satz könnte so durchaus auch von den Ludwigsburger Herrschern stammen. Schließlich hatten sie den herrlichen Park, heute als „Blühendes Barock" mit Märchengarten bekannt, schon damals beim Schloss, dazu das **Jagschloss Favorite** und das **Seeschloss Monrepos** in unmittelbarer Nähe. Nun ist der Besuch in den Ludwigsburger Schlössern sicher kein Geheimtipp, aber mit all ihren Schätzen sind sie immer wieder beeindruckend schön und noch lange nicht überall bekannt. Es gibt, auch für Erwachsene, vielerlei spannende und ungewöhnliche Aspekte, unter die manche der Führungen gestellt sind, und gerade für Kinder gibt es spezielle Führungen, die ihnen altersgerecht vom Leben im Schloss und Hof erzählen.

Das **Residenzschloss** ist nicht nur das größte der Ludwigsburger Schlösser, sondern auch das größte erhalten gebliebene deutsche Barockschloss. 18 Gebäude, 3 Höfe und 452 Räume umfasst die von 1704 bis 1733 unter Herzog Eberhard Ludwig erbaute Anlage. Treppenhäuser, hohe Räume und die prunkvolle Ausstattung, so lebte man als König. Jagden, Feste, Theatervorstellungen und geselliges Spiel gehörten mit zum Leben am Hof. Dafür Platz zu haben war einer der Gründe, die Residenz aus Stuttgart heraus nach Ludwigsburg zu verlagern. Wie das Leben damals aussah, bis hin zu Fragen, ob die Königin badete, das alles ist Thema der im Sommerhalbjahr regelmäßig stattfindenden Kinderführungen durch das Schloss.

Sollte jetzt vielleicht jemand davon träumen, damals Prinz oder Prinzessin gewesen zu sein? Wer im Schloss Kindergeburtstag feiert, lädt seine Freunde ein, sich mit zu verkleiden, zeigt ihnen auf einer Kinderführung „sein" Schloss, ehe man noch gemeinsam Kuchen isst...

Immer wieder gibt es im Schloss auch Kinder-Ferienprojekte, deren Themen und genaue Daten man am besten jeweils erfragt. Auch Einzelveranstaltungen können dazu gehören. Um nur ein Beispiel zu nennen: Die „Venezianische Messe", die 1993 als Erinnerung an prachtvolle Hoffeste Herzog Carl Eugens neu ins Leben gerufen wurde, ist inzwischen zur festen Institution geworden. Für sie machen sich Kinder unter Anleitung für ein buntes Spektakel rund um Venedig zurecht. Die Venezianische Messe findet immer im September auf dem Marktplatz und in einem abgegrenzten Bereich der Innenstadt statt. Und das ist nur eines der viele Feste und Veranstaltungen in Ludwigsburg, über die man sich im Ludwigsburger Veranstaltungskalender „Der Monat" informieren kann.

Spaß bei der Anprobe

Der Ort **Ludwigsburg** wuchs übrigens zeitgleich und im selben Umfang wie die Residenz. Ihr Glanz ließ auch ihn aufblühen. 1718 erhielt Ludwigsburg Stadtrechte und ist noch heute ein reizvolles Beispiel lebendigen Barocks. Bei einem Bummel durch die Stadt, über den Marktplatz, der mit seinen Arkaden und den beiden Barockkirchen einer der schönsten des Landes ist, vorbei an den vielen noch erhaltenen Bürgerhäusern kann man sich auch davon ein Bild machen.

Doch zurück zum Schloss. Noch lange ist nicht alles erzählt. Das Erlebnis der Zeit „Barock" setzt sich nämlich auch im Garten fort. Der gut 30 Hektar große Park besteht aus der Gartenschau **„Blühendes Barock"** mit dem „Märchengarten". Als „Blühendes Barock" sind die königlichen Privatgärten und der obere Obstgarten in den ursprünglichen Zustand zurückversetzt worden. Die bunten Blumenrabatten und Wasserspiele lassen dabei auch draußen die Prachtentfaltung früheren höfischen Lebens lebendig werden. Ein Teil des Parks ist der **„Märchengarten"**. Generationen von Kindern haben hier schon ihren Spaß gehabt.

Herzog Eberhard Ludwig befahl auch die Errichtung des zweiten Schlosses – und das nur wenige Schritte vom Residenzschloss entfernt. Gefiel es ihm plötzlich nicht mehr oder was sonst war der Grund? **Schloss Favorite** war eigentlich nur als Fasanerie geplant. 1723, nach zehnjähriger Bauzeit, war daraus jedoch ein wunderschönes Jagd- und Lustschlösschen geworden. Auch hier gibt es Kinderführungen, die schon für kleinere Kinder spannend und interessant sind.

Der umgebende Park, der **Favorite Park**, entstand gleichzeitig mit dem Schloss. Schon Herzog Eberhard Ludwig hatte ihn mit einem Palisadenzaun umgeben. Und Herzog Carl Eugen siedelte eine Kolonie weißer Hirsche darin an, ehe Herzog Friedrich II. ihn endgültig zum „Tiergarten" machte. Damwild und Gämsen, später auch Axishirsche wurden darin gehalten. Heute steht der 72 Hektar große Park unter Naturschutz. Noch immer leben hier Dam-, Axis- und Muffelwild frei und können – etwas Glück vorausgesetzt – in „freier" Wildbahn beobachtet werden.

Aller guten Dinge sind drei, sagt man. Ist deshalb noch ein drittes Schloss errichtet worden? **Schloss Monrepos** ist von Schloss Favorite aus in etwa 30 bis 40 Minuten bequem zu Fuß zu erreichen, auf einem Spaziergang durch die „Wilhelms-„ und „Schlossallee". „Monrepos" dankt sein Entstehen ebenfalls der Jagdleidenschaft der Landesfürsten. Carl Eugen ließ es Mitte des 18. Jahrhunderts an die Stelle eines durch Herzog Ludwig errichteten Jagdpavillons setzen, vollendet wurde es dann unter Friedrich I.

Besichtigt werden können nur die Haupträume, und zwar nur im Sommer nach Voranmeldung. Schön ist jedoch auch der Anblick von außen, den man auf dem Spaziergang um den idyllischen See hat.

Benachbart sind die Württembergische Hofkammerkellerei, die Domäne und das Schlosshotel Monrepos. Auch der Reit- und Fahrverein Ludwigsburg hat hier eine herrliche Anlage. Bei gutem Wetter draußen, bei schlechtem drinnen in der Halle, ist immer jemand am Reiten und man darf gerne noch etwas zuschauen.

Wie kommt man nach Ludwigsburg?
Per VVS: Mit der S-Bahn-Linie S 4 oder S 5 bis Haltestelle „Bahnhof Ludwigsburg".

Oder mit den Zügen des Regionalverkehrs.

Per Pkw: Über die A 81 Richtung Heilbronn, Ausfahrt Ludwigsburg-Süd oder Ludwigsburg-Nord. Die Schlösser liegen bei der B 27.

Residenzschloss
Schlossstraße 30, 71634 Ludwigsburg

Geöffnet: Mitte März bis 1. November
                       täglich   10.00 – 18.30 Uhr
                       Kassenschluss 17.00 Uhr

2. November bis Mitte März
täglich   10.00 – 12.00 Uhr
und   13.00 – 16.00 Uhr

Führungen: Erwachsene   EUR   4,00
                  Kinder/ermäßigt   EUR   2,00

Zeiten für Kinderführungen, Führungen für
Schulklassen und Sonderführungen bitte erfragen.

Infos: Schlossverwaltung, Telefon 0 71 41/18 64 40,
              Fax /18 64 34,
              e-Mail: info@schloss-ludwigsburg.de

Internet: www.schloss-ludwigsburg.de

Bereit zum Empfang

Blühendes Barock und Märchengarten
Blühendes Barock, Mömpelgardstraße 28, 71640 Ludwigsburg
(Eingang in der Schlossstraße oder der Schorndorfer Straße)

Geöffnet: Blühendes Barock   7.30 – 20.30 Uhr
                 Märchengarten   9.00 – 18.00 Uhr

| Eintritt: | Erwachsene | EUR | 6,50 |
| | Kinder (ab 6 J.) | EUR | 3,00 |

Familienkarte:
| | mit 1 Kind | EUR | 15,00 |
| | ab 2 Kindern | EUR | 17,00 |

Kombikarte Schloss, Blühendes Barock und Märchengarten:
| | Erwachsene | EUR | 10,00 |
| | Kinder, Schüler, Studenten | EUR | 4,50 |

Infos: Telefon 0 71 41/9 75 65-0, Fax /9 75 65-33;

Internet: www.blueba.de

Schloß Favorite

Geöffnet: Mitte März bis 1. November
| | täglich | 10.00 – 12.30 Uhr |
| | und | 13.30 – 17.00 Uhr |

2. November bis Mitte März
| | dienstags bis sonntags | 10.00 – 12.30 Uhr |
| | und | 13.30 – 16.00 Uhr |

| Eintritt: | Erwachsene | EUR | 2,50 |
| | Kinder/ermäßigt | EUR | 1,20 |

Kombikarte Residenzschloss und Schloss Favorite:
| | Erwachsene | EUR | 6,00 |
| | Kinder (ab 6 J.) | EUR | 3,00 |

Führungen: Auf Anfrage Kinderführungen.

Infos: s. o., Schlossverwaltung,
Telefon 0 71 41/18 64 40, Fax /18 64 34;

Internet: www.schloss-ludwigsburg.de

Schloss Monrepos/Württembergische Hofkammer-Kellerei
Seeschlossallee, 71634 Ludwigsburg

Wie kommt man (direkt) hin?
Per VVS: Mit der S-Bahn-Linie S 4 bis Haltestelle „Favoritepark".

Per Pkw: Von der B 27 zwischen Ludwigsburg und Bietigheim-Bissingen in die L 1138 Richtung Freiberg abbiegen. Links geht's in die Schlossallee.

Geöffnet:	Besichtigung nur nach Vereinbarung.
Infos:	Telefon 0 71 41/3 10 85/86

Tipps:
Auch das **Städtische Museum** lohnt einen Besuch. Viele Exponate ergänzen und veranschaulichen Ludwigsburgs Geschichte zwischen Schloss, Garnison, Industrie und Geistesleben.

Städtisches Museum Kulturzentrum (Seiteneingang)
Wilhelmstraße 9/1, 71638 Ludwigsburg.

Geöffnet:	mittwochs bis sonntags	10.00 – 12.00 Uhr
	und	13.00 – 17.00 Uhr
Eintritt:	frei	
Infos:	Telefon 0 71 41/9 10-22 90, Fax /9 10-26 05;	

Und für Familien mit starken Nerven: Ludwigsburg hatte die erste und lange Jahre einzige Strafanstalt im Land. Im **Strafvollzugsmuseum** wird dies dokumentiert, unter anderem von der komplett eingerichteten Zelle bis zur funktionsfähigen Guillotine...

Strafvollzugsmuseum Ludwigsburg
Schorndorfer Straße 38, 71638 Ludwigsburg

Geöffnet:	dienstags bis freitags	9.00 – 12.00 Uhr
	und	14.00 – 16.00 Uhr
	sonntags	
	Oktober bis April	13.00 – 17.00 Uhr
	Mai bis September	14.00 – 18.00 Uhr
Eintritt:	frei	
Infos:	Telefon 0 71 41/18 62 65, Fax /90 16 95;	

Wandern rund um Weinstadt

Frühling. Endlich warm. Endlich wieder Sonne. Vor allem das frische junge Grün tut den Augen gut. Da will man raus ins Freie, sich bewegen, wandern. Im Remstal, rund um Strümpfelbach, ist es mit am schönsten, wenn die Kirschen blühen. Deshalb wurde auch der **Kirschblütenweg** ausgewiesen. Der Weg ist als Rundweg ausgeschildert, beginnt und endet an der Strümpfelbacher Halle. Am Weg liegt das ebenfalls inmitten von Kirschbäumen stehende Naturfreundehaus Strümpfelbach (samstags 14.00 bis 19.00 Uhr, sonntags 9.00 bis 19.00 Uhr, Telefon 0 71 51/90 01 97), das man auch gezielt anfahren kann. Es hat eine große Gartenwirtschaft und Spielmöglichkeiten am Haus. Nach Rücksprache und Anmeldung kann auch die Grillstelle benutzt werden.

Auf dem Kirschblütenweg

Die Kirschen blühen nur ein paar Wochen lang und so ist es gut, dass Strümpfelbach inzwischen etwas ganz besonders hat, den **Skulpturenpfad**. In den Strümpfelbacher Weinbergen säumen 24 Skulpturen, Menschen- und Tiergestalten aus Bronze und Stein den Weg. Werke aus drei Künstlergenerationen: Vater Fritz Nuss, Sohn Karl-Ulrich Nuss und der Enkel Christoph Traub haben dazu beigetragen. Weinberge sind eine ungewohnte Örtlichkeit, um Kunst zu präsentieren. Aber es ist eine gute und reizvolle Idee. Auch Menschen, die vielleicht nicht oder nicht so oft den Weg in ein Museum oder eine

Galerie finden, kommen so mit Kunst in Kontakt. Für alle anderen ist es ein zusätzliches (Kunst-)Erlebnis. Und Kinder? Die werden ungewohnt schnell und gerne wandern (trotz der nicht unerheblichen Steigungen) und sei es nur, um als erstes die nächste Skulptur zu entdecken und zu erforschen.

Begegnungen auf dem Strümpfelbacher Skulpturenpfad

Hat es Spaß gemacht? Nun, auch **Schnait** hat seinen **Skulpturenpfad**: In den Schnaiter Weinbergen begegnet man in Stein gehauenen Szenen aus dem Wengerter Leben, die der Schnaiter Hobby-Bildhauer und Weinbauer (Wengerter) Ludwig Heeß geschaffen hat.

Strümpfelbach, Beutelsbach, Endersbach, Großheppach und Schnait haben sich 1975 zu **Weinstadt** zusammengeschlossen. So ist eine der größten Weinbaugemeinden Baden-Württembergs entstanden. Doch auch historisch schließen sich die Teilorte zu einem bemerkenswerten Puzzle zusammen.

In *Beutelsbach* stand, wenn man so will, die „Wiege" der Württemberger. Bis ins 13. Jahrhundert nutzten die Württemberger dann auch die durch ihren achteckigen Wehrturm imposante Stiftskirche als Grablege. Nicht weniger bedeutend ist, dass die erste deutsche Freiheitsbewegung 1514 hier ihren Ausgang nahm, was man im Bauernkriegsmuseum im Alten Rathaus nacherleben kann.

In *Großheppach* berieten sich Prinz Eugen, der Herzog von Marlborough und Markgraf Ludwig von Baden, der „Türkenlouis", bevor bei Höchstädt schließlich die Entscheidungsschlacht im spanischen Erbfolgekrieg ausgetragen wurde.

In *Schnait* ging es weniger politisch, dafür musikalisch zu. Hier wurde 1789 der schwäbische Volksliederkomponist Friedrich Silcher geboren. Wem der Name weniger sagt, kennt wahrscheinlich trotzdem eines seiner bekanntesten Lieder. Oder sollte jemand „Muss i denn zum Städtele hinaus" nicht kennen? Wer Näheres über ihn erfahren will, macht einen Abstecher nach Schnait, wo im alten Schulhaus ein sehenswertes kleines Silchermuseum eingerichtet wurde.

Strümpfelbach, der kleinste der Teilorte, war immer schon ein begütertes Dorf, eine Obst- und Weinbaugemeinde. Oft war es in den kriegerischen Auseinandersetzungen zwischen Württemberg und dem Reich zwischen die Fronten geraten und dafür von den reichstreuen Esslingern heimgesucht worden, die ihnen einmal die gesamte Weinernte eines Jahres zerstörten. Mit der Jakobuskapelle war der Ort im Spätmittelalter eine Etappe des Jakobswegs nach Santiago di Compostela. Den Pilgern und dem Weinbau verdankt der kleine Ortsteil heute seinen hübschen Kern aus 68 denkmalgeschützten Fachwerkensembles aus dem 15. und 16. Jahrhundert.

Wie kommt man nach Weinstadt und zu seinen Teilorten?
Weinstadt liegt an der Bahnlinie Stuttgart-Aalen.

Per VVS: Mit der S-Bahn-Linie S 2 auf der Strecke Stuttgart – Schorndorf mit Stationen in Endersbach-West, Stetten-Beinstein (Ein- und Aussteigeort für Strümpfelbach, Linie 202), Endersbach und Beutelsbach (Ein- und Aussteigeort für Schnait, Linie 206, und Großheppach, Linie 209). Weiter mit Bussen.

Per Pkw: Von Stuttgart aus über die B 14 Richtung Schwäbisch Gmünd/Aalen. In Höhe Waiblingen auf die B 29 wechseln. Zwischen Waiblingen und Schorndorf verschiedene Ausfahrten: Weinstadt-Endersbach, Strümpfelbach, Weinstadt-Beutelsbach/Großheppach/Schnait.

Weglänge: Kirschblütenweg: ca. 5 km

Wie kommt man zum Naturfreundehaus Strümpfelbach?
Die Zufahrt zum Naturfreundehaus Strümpfelbach liegt in einer
Kurve der L 1201 aus Strümpfelbach nach Schanbach, Plochingen.

Wie kommt man zum Skulpturenpfad Strümpfelbach?
Strümpfelbach: Es wird empfohlen, die Parkplätze an der Strümpfelbacher Gemeindehalle im „Kirschblütenweg" zu nutzen. Von
dort sind es etwa 300 Meter Fußweg zur ersten Skulptur.

Weglänge:	2,5 km (ab eigentlichem Beginn)
Info:	Ein Flyer sowie ein Bildband sind im Rathaus Beutelsbach erhältlich (Telefon 0 71 51/6 93-0).

Wie kommt man zum Weinbau- und Skulpturenpfad Schnait?
Schnait: kombinierter Lehrpfad, der Kunst und Information rund
um den Weinbau verbindet. Es gibt drei Zugangsmöglichkeiten,
zu empfehlen ist die vom Wanderparkplatz an der K 1865 aus
Schnait in Richtung Manolzweiler.

Weglänge:	3 km

*Bauernkriegsmuseum (zugleich auch Heimatmuseum und Ost-
deutsche Heimatstube)*
Im Alten Rathaus, Stiftstraße 11, 71384 Weinstadt-Beutelsbach

Geöffnet:	sonntags	14.00 – 17.00 Uhr
Eintritt:	frei	
Infos:	Kulturamt der Stadt Weinstadt, Telefon 0 71 51/6 93-2 89, Fax /60 95 78, e-Mail: Tholub@t-online.de;	

Silchermuseum des Schwäbischen Sängerbundes
Silcherstraße 49, 71384 Weinstadt-Schnait (neben der Kirche)

Geöffnet:	Mitte November bis Mitte Februar dienstags, mittwochs und freitags bis sonntags und	10.00 – 12.00 Uhr 14.00 – 17.00 Uhr	
Eintritt:	Erwachsene Schüler	EUR EUR	2,00 1,00
Infos:	Frau Hannelore Rauscher, Telefon 0 71 51/6 52 30, Fax /6 53 05;		

Sommerferienangebote in und um Stuttgart

Ferien! Zeit also für alles, was Spaß macht. Zeit auch, endlich einmal als Familie all die Ausflüge zu machen, die man schon längst einmal machen wollte. Aber man kann nicht immer gemeinsam unterwegs sein, und schließlich gibt es ja auch noch das **Ferienprogramm „Hallo Kinder"**. Jedes Jahr lässt sich dafür der Stadtjugendring, in Zusammenarbeit mit nahezu allen Einrichtungen, die auch das Jahr über Veranstaltungen für Kinder anbieten, etwas Besonderes einfallen. Daraus entsteht dann ein dicker Veranstaltungskalender, in dem jeder Tag einzeln aufgelistet ist, mit allem, was man wo, wann und mit wem zusammen unternehmen kann. Spiel, Sport, Basteln, teils als Einzelveranstaltungen, teils als Workshops, die sich über mehrere Tage hinziehen. Man kann vorhandene Interessen vertiefen oder Neues ausprobieren. Vielleicht, dass daraus ein neues Hobby entsteht? Neue Freunde findet man in jedem Fall. Die Programme liegen in Rathäusern, Bibliotheken und vielen anderen Stellen aus. Auch in der Tageszeitung oder dem kostenlos an alle Haushalte verteilten Anzeigenblatt, dem „Stuttgarter Wochenblatt", erfährt man entsprechende Termine dafür sowie generell für alle Kinderveranstaltungen. Viele, nicht alle, sind kostenlos. Was es wo kostet, steht aber ebenfalls im Programm. Für die meisten Veranstaltungen muss man sich sowieso vorab anmelden.

Um zumindest ein praktisches Beispiel zu geben, was auch Kinderferienprogramm sein kann, sei auf die **Jugendverkehrsschulen** verwiesen. Da jeder Schüler einer öffentlichen Schule in Stuttgart das Recht auf eine Radfahrausbildung hat, ist die Jugendverkehrschule natürlich außerhalb der Ferien ausgelastet. In den Ferien jedoch können Kinder hier in sechs einwöchigen Kursen sowohl das Radfahren erlernen als auch eine Radfahrausbildung (mit oder ohne Prüfung) erhalten. Die Details hierzu kann man im Internet auf der Homepage der Stadt Stuttgart, oder – wie schon erwähnt – in der jährlichen Ferienbroschüre der Stadt, in „Hallo Kinder" nachlesen. Zu allen Kursen müssen Fahrräder und Helme, eventuell etwas zu trinken oder zu essen mitgebracht werden. Bei Kindern unter sieben Jahren müssen die Eltern anwesend sein. Alle Kurse sind kostenlos und vormittags. An den Nachmittagen kann bis 15.30 Uhr weitergeübt werden.

Die **Volkshochschulen** bieten ebenfalls ein großes **Sommerferienprogramm** an. Es lohnt, sich auch über Angebote außerhalb der unmittelbaren Stadtgrenzen in den Volkshochschulen von Städten und Gemeinden des Umlands zu informieren. Die Programme der VHS Stuttgart-Mitte aber sollten die Eltern auf jeden Fall ansehen, weil

Wasserspiele auf dem Schlossplatz

hier ein ungewöhnlich breites und vielfältiges Programm für Kinder auf die Beine gestellt wurde. (Alle ihre Kursangebote sind im großen Programm der VHS Stuttgart sowie in einer Sonderbroschüre abgedruckt, die ab Mitte Mai erhältlich ist.) Die VHS Stuttgart nämlich nennt im Erdgeschoss des *„TREFFPUNKT Rotebühlplatz"* einen speziellen Treffpunkt für Kinder ihr eigen. Der große Raum bietet neben der Kinderbetreuung, die Eltern einen eigenen Kursbesuch ermöglichen soll, ein vielseitiges Programm für Kinder von 2 bis 14 Jahre, das auch Kindertheater und Kinderkino umfasst. Eine weitere Einrichtung ist die „Offene Kinderwerkstatt", die jeden Freitag Kindern ab 5 Jahren die Möglichkeit gibt, sich in spielerischem Rahmen handwerklich und künstlerisch zu betätigen.

Waldheime (s. Kapitel 23) wurden einmal gegründet, um Kindern unabhängig vom Einkommen der Eltern Erholung zu ermöglichen. Heute gibt es sie noch immer, nach wie vor beliebt und gerne besucht. Manche Eltern reisen lieber in den kleinen Ferien, um Ostern, an Pfingsten oder im Herbst. Und auch wenn der gemeinsame Urlaubsaufenthalt für die Sommerferien geplant ist, bleibt bei sechs Wochen Sommerferien noch Zeit für einen Waldheimaufenthalt.

Geländespiele, Basteln, Singen, Feuer machen, Kicken, Wasserschlachten oder Theater spielen – in den Stuttgarter Waldheimen gibt es viel zu erleben. Tag für Tag. Kinder können hier neue Freundschaften schließen und ausgiebig toben. Alles unter Aufsicht und Anleitung ehrenamtlicher Leiter oder Leiterinnen, die nach einer umfassenden Schulung Gruppen in ihren jeweiligen Altersstufen betreuen.

Auch die Verpflegung lässt sich sehen: Sie umfasst bis zu vier Mahlzeiten pro Tag, bei denen auf Essgewohnheiten anderer Religionen Rücksicht genommen wird. Mit dem Abendessen endet ein Waldheimtag. Alle Waldheime liegen am oder im Wald und meist wird zur Waldheimzeit ein Sonderbusverkehr für die zugeordneten Stadtteile eingerichtet.

Die Anmeldung ist immer wochenweise möglich und sollte sehr frühzeitig erfolgen. Es gibt viele Ermäßigungen. Auch über die sollte man sich rechtzeitig informieren.

Viele Tipps und nützliche Infos über schlichtweg alles, was für Kinder und Jugendliche nicht nur im Sommer, in den einzelnen Stadtteilen geboten ist, enthält der **Kinder- und Stadtteil-Stadtplan**, der auf den Bezirksrathäusern in den einzelnen Stadtteilen ausliegt oder auf Anfrage auch im Rathaus Stuttgart kostenlos zu bekommen ist. Herausgeber ist das Jugendamt der Stadt Stuttgart in Verbindung mit dem Presse- und Informationsamt.

Im **i-Punkt** Stuttgart kann man sich zudem jeden Monat kostenlos die unabhängige Elternzeitung der Region Stuttgart „**Luftballon**" holen. Sie enthält jeweils aktuelle Themen, Büchertipps und stellt in unregelmäßigen Abständen kulturelle Angebote für Kinder vor. Was sie aber vor allem interessant macht, ist die Rubrik „Was läuft im aktuellen Monat", in der für Familien und Kinder lohnende Termine der verschiedensten Art unter dem jeweiligen Tagesdatum aufgelistet sind.

Jugendverkehrsschule Stuttgart

Es gibt eine mobile und drei stationäre Jugendverkehrsschulen. Die stationären Schulen sind:
- Jugendverkehrsschule 1, Forststraße 26, 70126 Stuttgart
- Jugendverkehrsschule 2, Untere Schlossgartenanlage, 70190 Stuttgart

- Jugendverkehrsschule 3, Mühlhäuserstraße (Parkplatz Max-Eyth-See), 70378 Stuttgart

Sommerferienkurse finden in der Jugendverkehrsschule 1 statt.

Bei der mobilen Jugendverkehrsschule handelt es sich um einen LKW, ausgerüstet mit allem, was man braucht. Mit ihm erfolgt auch die Radfahrausbildung an Schulen.

Wir machen den Radführerschein

VHS-Treffpunkt Kinder
Rotebühlplatz 28, 70173 Stuttgart

Wie kommt man hin?
Per VVS: Mit der S-Bahn und der Stadtbahn, Haltestelle „Stadtmitte".

Infos: Infos erhält man bei Mitarbeiterinnen im Treffpunkt Kinder, Frau Iris Loos, Telefon 07 11/18 73-8 80 oder Frau Jutta Klinger und Frau Heidrun Hellmuth, Telefon 07 11/18 73-8 81, e-Mail: iris.loos@vhs-stuttgart.de;

Ausflugslokale und Waldheime

Stuttgart nennt sich die „Stadt zwischen Wald und Reben". Und tatsächlich gibt es sogar im inneren Stadtgebiet noch immer einige Rebhänge, so hinter dem Hauptbahnhof und an der „Neuen Weinsteige". An Wald aber ist nun wirklich kein Mangel. Auf allen Höhen rund um die Stadt. Und deshalb gibt es auch überall Waldheime. Als Ferienplatz für Kinder (s. Kapitel 23), aber auch als Ausflugsort für die ganze Familie. Und weil es so schön ist, draußen zu sein, und man gar nicht genug Plätze kennen kann, an denen Eltern und Kindern zusammen den Sommer genießen können, ist die Auflistung ergänzt durch einige bekannte und beliebte Ausflugslokale und Naturfreundehäuser. Viele Waldheime stehen außerhalb der Sommerferien allen Familien und Besuchern offen. Meist haben sie günstige Preise in der Gastronomie, ein legeres, für Kinder geeignetes Umfeld und vor allem herrliche Spielmöglichkeiten. Eltern können so auch einmal ganz entspannt sitzen, ohne sich Sorgen um mögliche Gefahren, zum Beispiel durch nahe verkehrsreiche Straßen, machen zu müssen. 33 Waldheime gibt es in Stuttgart. Evangelische, katholische und solche der Arbeiterwohlfahrt (AWO). Es gibt eine Broschüre der Arbeitsgemeinschaft Kinder-Stadtranderholung ebenso wie eine Homepage, wo man sich über Anfahrtswege, Adressen und Telefonnummern informieren kann, sowohl was die Waldheimferien als auch den privaten Besuch betrifft. Deshalb sollen auch hier nur ein paar der bekanntesten und beliebtesten aufgeführt werden.

Sicher gehört dazu das Waldheim in Heslach, das bei vielen als das schönste gilt. Unter Obstbäumen gibt es im Sommer viel Platz zum Spielen. Tische gibt's auch im Sandbereich, so dass Eltern bequem ein Auge auf die Kleinsten haben können. Und für die Älteren gibt es einen eigenen Abenteuer-Spielbereich.

Für einen Ausflug in Verbindung mit Zielen im Ostteil Stuttgarts, dem Fernsehturm (s. Kapitel 4), dem Haus des Waldes (s. Kapitel 6) oder den Klingen (s. Kapitel 7), bieten sich das Evangelische Waldheim Frauenkopf oder auch das Clara-Zetkin-Haus in Stuttgart-Sillenbuch an.

Für die eben genannten Ziele kann man aber auch Ausflugslokale, wie zum Beispiel den „Neckarblick" oder das Naturfreundehaus „Fuchsrain" auf der Waldebene Ost in Erwägung ziehen.

Auch das zwischen Stetten und Echterdingen in Leinfelden-Echterdingen gelegene Waldheim bietet sich mit seinem großen Spielplatz, seiner Nähe zum Siebenmühlental (s. Kapitel 16) von Stuttgart her als Ausflugsziel an.

Viele der Vereinsgaststätten von Vereinen aller Art, die sich rund um den Fernsehturm, die Waldau, und die Waldebene Ost scharen, sind ebenfalls öffentlich zugänglich. Daneben gibt es natürlich eine

Platz da, ich komme!

ganze reihe attraktiver Ausflugslokale. Hierzu sind zum Beispiel auch die bewirtschafteten Mühlen (s. Kapitel 16) zu rechnen oder die Bistro Café Terrasse „on Top" (Selbstbedienung) im Höhenpark Killesberg. Es gehört die Martinsklause dazu, das Reiterstüble des Reitvereins Stuttgart-Möhringen, von wo man einen Blick auf den Reitplatz hat.

Eine Liste der hier genannten Möglichkeiten, die allerdings ganz und gar nicht den Anspruch auf Vollständigkeit erhebt, das sei extra nochmals betont, findet sich nachfolgend. Sie soll nur Anreiz dafür sein, die eine oder andere Stätte oder auch „Institution" zu „testen", bis der eigene und ganz persönliche Lieblingsplatz für einen Sommermittag im Grünen gefunden ist.

Waldheime:

- Waldheim Heslach in Stuttgart Heslach, Dachswaldweg 180, 70569 Stuttgart, Telefon 07 11/6 87 22 71;

- Waldheim Frauenkopf, Waldebene Ost, 70186 Stuttgart, Telefon 07 11/24 00 56;

- Clara-Zetkin-Haus, Gorch-Fock-Straße 26, 70619 Stuttgart-Sillenbuch, Telefon 07 11/47 12 35;

- Waldheim Gaisburg (Waldebene Ost), Obere Neue Halde 1, 70186 Stuttgart, Telefon 07 11/46 58 20;

- Waldheim Zuffenhausen (Stuttgart-Zuffenhausen, s. Kapitel 9), Hirschsprungallee 5, 70 435 Stuttgart-Zuffenhausen, Telefon 07 11/82 21 48;

- Waldheim Echterdingen, Waldheimweg 11, 70771 Leinfelden-Echterdingen, Telefon 07 11/79 10 91;

Ausflugslokale (s. auch Mühlen in Kapitel 16):

- Bärenschlössle, Im Rotwildpark am Bärensee (Richtung Stuttgart-Vaihingen), Telefon 07 11/69 25 50;

- Katzenbacher Hof, Im Spitalwald, 70569 Stuttgart-Vaihingen, Telefon 07 11/68 14 11;

- Martinsklause, Untere Körschmühle 1, 70567 Stuttgart-Möhringen, 07 11/7 19 90 22;

- Neckarblick (Stuttgart-Ost, Waldebene Ost), Im Schleifrain, Gewann 1, 70237 Stuttgart, Telefon 07 11/46 58 30;

- Bistro Café Terrasse „on Top", im Höhenpark Killesberg, 70192 Stuttgart, Telefon 07 11/2 56 62 99;

Naturfreundehäuser im Stadtgebiet:

- Naturfreunde Stadtheim „Fuchsrain", Neue Straße 150, 70186 Stuttgart, Telefon 07 11/46 65 04;

- Naturfreundehaus „Am Büsnauer Rain", Büsnauer Rain 1, 70569 Stuttgart, Telefon 07 11/6 87 30 95;

- Naturfreundehaus und Vereinsheim „Steinbergle am Killesberg", Stresemannstraße 8, 70191 Stuttgart-Nord, Telefon 07 11/2 56 06 36;

Drachenzeit

Drachen steigen lassen, das gehört zum Herbst wie die bunten Blätter der Bäume. Überall sieht man dann die Drachenfans mit ihren gekauften oder auch selbst gebauten Fluggeräten. Die Fans sind überall anzutreffen, sogar im Stadtgebiet von Stuttgart: auf dem Killesberg (s. Kapitel 3) oder auf der Uhlandshöhe (s. Kapitel 4). Ganz abgesehen von den vielen namenlosen Hügeln in und um die Stadt.

Das unbestrittene Eldorado zum Drachen steigen lassen findet man nach Meinung vieler am Rotenberg, genauer gesagt auf der **Egelseer Heide**. Unabhängig von jeglicher Jahreszeit, hier ist immer Saison für Drachen. Keine Frage, schon das Zuschauen macht Spaß. Drachen mit zwei Schnüren drehen herrliche Loopings, was schon einiges an Geschick erfordert. Wunderschön anzusehen sind auch Drachen, die zu mehreren hintereinander gekettet sind. Wer noch keinen hat, braucht nicht traurig zu sein.

Nur rund 800 Meter entfernt gibt es einen Drachenladen, der übrigens „Tako Tako", nach dem japanischen Wort für Drachen, heißt. Dort kann man sich entweder einen aus dem internationalen Sortiment fertig kaufen, oder auch nach Wunsch ganz individuell fertigen lassen. Man kann aber auch, und das ist für Kinder sicher das Spannendste, sich mit seinen Freunden, vielleicht im Rahmen eines Kindergeburtstags, einen ganz und gar einmaligen Drachen bauen. Und das ist ganz wörtlich zu nehmen. Für die Drachen, die zum Selbstbau vorgesehen sind, steht ein besonders reißfestes, trotzdem papierähnliches Material zur Verfügung, das auch bemalt werden kann. Und das Besondere darüber hinaus: Diese Drachen sind auch besonders flugtauglich. Sie brauchen so wenig Wind, dass man sie nicht nur im Herbst, sondern an mehr als 300 Tagen im Jahr fliegen lassen kann. Vielleicht auch eine schöne und ungewöhnliche Idee ist es, einen besonders großen Drachen, der bis zu vier Quadratmeter groß werden kann, als Team zu bauen und auch fliegen zu lassen. Um einen Drachen selbst bauen zu können, sollten Kinder aber mindestens sieben oder acht Jahre alt sein. Alles nähere, ob nur der Drachen gebaut wird, ob über Geschichte und anderer Länder Sitten in Bezug auf Drachen etwas erzählt wird, ob Anleitungen zum richtigen Umgang damit (Flugtraining) gegeben wird, klärt sich bei einem Gespräch vorab. Je nach Wunsch, kann eine Verpflegung dabei gestellt oder selbst mitgebracht werden; bei Führungen durchs Museum sind Getränke inklusive. Das angegliederte Drachenmuseum zeigt historische und moderne Drachen aus Asien, Amerika und Europa.

Alle selbst gemacht

Allein die Drachen wären also schon Grund genug, einmal zur Egelseer Heide hinaus zu fahren. Aber man kann dort auch picknicken und spielen. Verschiedene Spielgeräte und Schaukeln gehören zu diesem weitläufigen Rastplatz ebenso wie vier Feuerstellen und mehrere Vesperplätze mit Tischen und Bänken. Benachbart sind die Stadtteile *Berg* und *Rotenberg*, die als Ausgangspunkt schöner und bequemer Wanderungen zwischen Reben und Obstwiesen geschätzt sind. Vor allem, wenn man mit öffentlichen Verkehrsmitteln hergekommen ist und deshalb nicht zum Ausgangspunkt zurück muss, sind Streckenwanderungen jeder Länge möglich. So kann man zum Beispiel über *Uhlbach* nach *Untertürkheim* wandern, und dies vielleicht mit einem Besuch des Mercedes-Benz-Museums (s. Kapitel 9) verbinden. Oder über die Katharinenlinde nach *Esslingen* (s. Kapitel 12).

Was man einmal zumindest unbedingt machen sollte, ist ein Abstecher zur **Grabkapelle Stuttgart-Rotenberg**, wo einst die Stammburg des Hauses Württemberg stand. Sie war 1083 vollendet gewesen und blieb selbst nach der Verlegung der Residenz nach Stuttgart über Jahrhunderte beliebtes Ausflugsziel des Hofes. Erst als 1819, gerade erst 30 Jahre alt, Königin Katharina, die Frau König Wilhelms I., überraschend starb und dort begraben werden sollte, wurde die alte Stammburg geschleift. Als ewiger Liebesbeweis wurde das Denkmal, ein Mausoleum in Form eines griechischen Kreuzes (ihrer beibehaltenen griechisch-orthodoxen Religion wegen), hier oben errichtet. Seit Beginn des 20. Jahrhunderts ist es nun öffentlich zugänglich und enthält die Marmorsarkophage des königlichen Paares sowie ihrer Tochter Marie, aber auch ein Modell der ehemaligen Stammburg.

Wie kommt man zum Rotenberg?
Per VVS: Mit der S-Bahn-Linie S 1 bis Bahnhof Untertürkheim, dann mit der Bus-Linie 61 zur Endhaltestelle.

Drachenladen Tako Tako
Stettener Straße 5, 70327 Stuttgart (Rotenberg)

Wie kommt man hin?
Der Laden ist gleich bei der Endhaltestelle der Bus-Linie 61.
Für Pkws sind Parkplätze vorhanden.

Geöffnet:	dienstags bis freitags	11.00 – 18.00 Uhr
	samstags	9.00 – 13.00 Uhr

Tag und Zeit für *Kindergeburtstage* sind frei wählbar. Es gibt verschiedene Programme von EUR 50,00 bis EUR 180,00.

Führungen: Museum: ca. 1 Stunde, Preis pro Gruppe EUR 77,00. Einzelbesuch nicht möglich.

Infos: Informationen und Anmeldung für Führungen, Filme und Workshops montags bis freitags 11.00 bis 18.00 Uhr, samstags 9.00 bis 13.00 Uhr, unter Telefon 07 11/33 06 70, Fax /33 06 54;

Grabkapelle Rotenberg

Geöffnet:	1. März bis 1. November	
	sonn- und feiertags	10.00 – 12.00 Uhr
	und	13.00 – 18.00 Uhr
	freitags und samstags	10.00 – 12.00 Uhr
	und	13.00 – 17.00 Uhr
	mittwochs	10.00 – 12.00 Uhr

Eintritt:	Erwachsene	EUR	1,50
	Kinder/ermäßigt	EUR	0,70
	Familienkarte	EUR	3,70

Infos: Verwalter, Telefon/Fax 07 11/33 71 49, oder VBA Stuttgart, Telefon 07 11/66 73-43 31;

Internet: www.schloesser-und-gaerten.de

Tipps:
Zwei weitere beliebte Orte, wo sich Drachenfans treffen, sind *Schloss Solitude* (s. Kapitel 26) und der *„Grüne Heiner"* im Stuttgarter Stadtteil Weilimdorf (Richtung Kornwestheim), ein rekultivierter ehemaliger Müllberg, der durch seine Höhe und durch seinen einzelnen Windrotor schon von Weitem ins Auge fällt. Zum „Grünen Heiner" kommt man auch per VVS: Mit der S-Bahn-Linie S 6 bis Haltestelle „Weilimdorf".

Eine weitere gute Möglichkeit an selbstgebaute Drachen zu kommen, ist es übrigens, den *Kindergeburtstag* im *Freilichtmuseum in Beuren* (s. Kapitel 27) zu feiern. Zusätzlich zum Eintritt und den Kosten für den Kindergeburtstag fallen dann pro Drachen (inklusive Steigleine) Euro 5,00 an.

Die schönsten Rodelplätze

Schlittenfahren oder Rodeln. Wie immer man es nennt, Spaß macht es auf alle Fälle. Und in Stuttgart gibt es, schon wegen seiner Lage, überall eine Baulücke, einen kleinen Hügel im Park, wo Kinder stundenlang glücklich sind. Egal, ob Holzschlitten oder Plastikrodel. Aber auch im Winter mag man als Familie ja nicht am Wochenende zu Hause sitzen, hat man Lust einen Ausflug zu machen. Warum also nicht einmal rodeln gehen?

Aus der Bahn!

Rodelbahn „Schloss Solitude"

Den mit Abstand schönsten Rodelhang, die schönste Kulisse auch für einen winterlichen Ausflug, findet man unbestritten vor Schloss Solitude. 1763 hatte es Herzog Carl Eugen bauen lassen um Stuttgart gelegentlich zu entfliehen. Der Name Solitude, Einsamkeit, sollte den Gegensatz zum Pomp barocken Hoflebens signalisieren. Doch schon beim Bau des Jagdschlosses war es mit der Waldeinsamkeit vorbei. Es entstand ein Schloss mit kostbarer Ausstattung im Stil des späten Rokoko und frühen Klassizismus, die so genannten Kavaliersbauten, eine Kapelle, ein Theater und Wirtschaftsräume. Auch im Sommer oder Herbst ist es heute ein beliebtes, reizvolles Ausflugsziel. Ein Besuch im Schloss, wo es im Sommer gelegentlich auch eigens für Kinder veranstaltete Führungen gibt, sollte dabei nicht versäumt werden. Im Winter aber, wie gesagt, bietet sich der kleine Hang oben vor dem Schloss für kleinere Geschwister an, größere fahren die lange breite Allee hinunter. Ein tolles Vergnügen, mit langem Auslauf, das nur einen Nachteil hat, man muss zu Fuß wieder hinauf, einen ebenso langen, recht steilen Anstieg. Doch das ist der Preis, den man für alle Rodelstrecken, auch die nachfolgenden, erbringen muss. Sie sind daher nur summarisch aufgezählt.

Rodelbahn an der Solitude

Wie kommt man hin?
Ab ZOB Stuttgart, Bus Linie 92 Richtung Leonberg, Haltestelle „Solitude".

Per Pkw: Aus Stuttgart Mitte auf der B14 Richtung Stuttgart Süd und Heslach, weiter bis zum Schattenring, dort rechts in die Wildparkstraße (L 1180) Richtung Leonberg/Gerlingenüber die „Wildparkstraße" bis Ausfahrt „Solitude".

Schloss Solitude
Solitude 1, 70197 Stuttgart

Geöffnet:	April bis Oktober	
	dienstags bis sonntags	9.00 – 12.00 Uhr
	und	13.30 – 17.00 Uhr
	November bis März	
	dienstags bis sonntags	10.00 – 12.00 Uhr
	und	13.30 – 16.00 Uhr
	Besichtigungen sind nur im Rahmen von Führungen (mit Voranmeldung) möglich.	

Eintritt:	Erwachsene	EUR	5,00
	ermäßigt/Kinder (ab 5 J.)	EUR	2,50

Infos:	Schlossverwaltung, Telefon 07 11/69 66 99, e-Mail: info@schloss-solitude.de;

Rodelbahn an der Doggenburg beim Kräherwald

Ihr Ausgangspunkt liegt in der Nähe des MTV Stuttgart. Rund 600 Meter geht es dann den Berg hinunter in Richtung Botnang.

Wie kommt man zur Rodelbahn an der Doggenburg?
Per VVS: Ab Bahnhof Stuttgart per Bus Linie 43, Haltestelle „Doggenburg".

Per Pkw: Vom Killesberg „Am Kräherwald" entlang bis zur Doggenburg (bei der Einmündung „Herdweg").

Rodelbahn im Degerlocher Wald bei der Wernhalde

Ausgangspunkt ist der Wasserturm auf der anderen Straßenseite des Fernsehturms, von wo es circa 500 Meter weit bergab geht.

Wie kommt man zur Rodelbahn im Degerlocher Wald?
Per VVS: Mit der Stadtbahn-Linie U 7 bis Haltestelle „Waldau".

Per Pkw: Richtung Degerloch. Parkmöglichkeiten am Fernsehturm.

Rodelbahn in Stetten

Der mit Abstand längste Rodelhang jedoch ist in **Leinfelden-Echter-dingen**, im **Ortsteil Stetten**. Die Verlängerung des „Gräbleswiesen-weg" beim „Theater unter den Kuppeln" kann (je nach Schneelage) Ausgangspunkt für eine Fahrt bis hinunter ins Siebenmühlental sein. Gefahren wird auf einer für Autos gesperrten Straße von 2 bis 3 Meter Breite. Am rechten Rand verläuft ein Wassergraben, auch etliche Kurven gibt es zu überwinden. Wer – entsprechende Schneeverhält-nisse vorausgesetzt – die ganzen 1,5 Kilometer fahren will, muss also schon lenken können oder einen Erwachsenen mitnehmen; diese ha-ben so etwas ja bekanntlich auch ihren Spaß.

Und wer zieht uns den Berg hinauf?

Wie kommt man zur Rodelbahn in Stetten?

Per VVS: Von Stuttgart mit der S-Bahn-Linie S 2 oder S 3 nach Echterdingen, weiter mit Stadtbus Linie 38 nach Stetten.

Oder direkt ab ZOB Degerloch, Bus-Linie 77 nach Stetten, Haltestelle „Kasparswald".

Per Pkw: Über die B 27 Richtung Reutlingen bis Ausfahrt „Leinfelden-Echterdingen Süd/Stetten".

Tipp:

Auch *Schlittschuh* laufen macht viel Spaß. Während des Weihnachtsmarkts ist es natürlich auf der Eisbahn am Schlossplatz am schönsten (s. Kapitel 28). Wer Spaß daran gefunden hat, kann dies den ganzen Winter über tun, und zwar im Eissport-Zentrum Waldau, beim Fernsehturm auf der Waldau, nahe „Königsträßle", Kesslerweg 8, 70597 Stuttgart, Telefon 07 11/2 16-32 74 und /2 16-47 52.

„Coole" Ideen und ausgefallene Orte

Kindergeburtstage sind längst nicht mehr „kinderleicht" auszurichten. Die Kreativität vieler Eltern ist gefragt, und wenn bei Freunden groß gefeiert wurde, will das eigene Kind nicht außen vor bleiben. Bloß wo und wie? Und weil das Bedürfnis vorhanden und guter Rat gelegentlich auch mal teurer sein darf, gibt es inzwischen viele Angebote, viele Ideen, wie der Kindergeburtstag zu einem tollen und für alle unvergesslichen Erlebnis wird. Etliche wurden schon in den vorangehenden Kapiteln erwähnt, dann sind sie hier nur noch einmal mit den Verweisen auf die entsprechenden Kapitel aufgeführt. Zwei weitere, ganz besondere Örtlichkeiten als Rahmen für einen Kindergeburtstag aber sind Zoo und Freilichtmuseum. Dazu gleich noch Näheres. Nur eines noch vorab: Solche Geburtstage muss man lange, das heißt Wochen oder gar Monate im Voraus planen und die Details sowie die entstehenden Kosten individuell absprechen und festlegen.

Hautnahe Begegnung

Kindergeburtstag in der Wilhelma

Weil Kinder sowieso Fans der Wilhelma sind und der Vorschlag, in die **Wilhelma** zu gehen nie verkehrt ist, ist es natürlich besonders toll, dort auch einmal Geburtstag feiern zu dürfen. 7 Varianten („Pakete") für jeweils mindestens 8 bis höchstens 20 Kinder, teilweise schon ab 5 Jahren, wurden dafür ausgearbeitet. „Paket 1" führt zu den Pinguinen, Pelikanen und Seelöwen, wobei das Geburtstagskind beim Füttern helfen darf. Sie beinhaltet außerdem einen Besuch im Terrarium, wo der hautnahe Kontakt zu einer Schlange sicher auch lange danach für Gesprächsstoff sorgt! Deshalb ist dieses Programm auch schon Monate im Voraus ausgebucht. Bessere Chancen verspricht dagegen „Paket 2". Es beinhaltet Kamel- und Pony- oder Eselreiten und eine Führung durch den Schaubauernhof zu den Kälbchen und Ferkeln, die Stadtkindern meist genauso große Freude wie exotische Tiere machen. Die Programme enden wahlweise mit der Führung oder einer Einkehr in der Wilhelma-Gaststätte.

Geburtstagskinder dürfen aufsteigen

Termin:	Ganzjährig, außer feiertags, je nach Paket nur an bestimmten Tagen.
Leistungen:	Führung durch Wilhelma-Personal (Dauer ca. 1,5 Stunden) zum jeweiligen Thema, Buchung mit und ohne Gaststättenbesuch.

Kosten:	Mit Verpflegung: EUR 8,00 pro Teilnehmer (auch für Begleitpersonen), ohne Verpflegung: EUR 5,10, plus jeweils ermäßigter Eintritt zum Gruppentarif:

Kinder (ab 6 J.) EUR 3,50
Erwachsene EUR 7,40
das Geburtstagskind hat freien Eintritt;

Infos: Auskünfte und Anmeldung möglichst lange im Voraus unter Telefon 07 11/54 02-2 02. Die Bezahlung erfolgt an den Kassen der Wilhelma. Alle Programme beginnen pünktlich.

Kindergeburtstag im Freilichtmuseum Beuren

Im Freilichtmuseum zu feiern, auf diese Idee kommt man vielleicht nicht so ohne weiteres? Und gerade hier, im **Freilichtmuseum Beuren**, ist das Spektrum an möglichen Varianten, wie so ein Geburtstagsfest gestaltet werden kann, sehr umfangreich. Etliche der Angebote, die es für Aktionstage gibt, können auch für private Gruppen und Kinder ab sechs Jahren organisiert werden. Kinder können hier im Rahmen der Veranstaltung Drachen, Lumpenpuppen oder Vogelscheuchen bauen. Aber auch Backen im alten Backhäusle oder Filzen mit Schafwolle wird angeboten. Kinder erfahren, wie vor 200 Jahren Feuer gemacht wurde oder was man alles mit Äpfeln anstellen kann. Vieles ist möglich, sollte aber mindestens sechs Wochen vorher abgesprochen und angemeldet werden.

Dauer: circa 2 bis 3 Stunden

Leistungen: Je nach Aktion. Bei einigen Programmen fallen zusätzliche, meist geringe Materialkosten an. Bei einigen sollte etwas mitgebracht werden, alte Kleidungsstücke für die Vogelscheuchen zum Beispiel oder Lebensmittel beim Backen. Der Geburtstag wird von einem erfahrenen Mitarbeiter betreut. Für Speisen und Getränke ist selbst zu sorgen.

Kosten: EUR 60,00, zzgl. Museumseintritt:
Kind EUR 2,30
Erwachsener EUR 3,60
zzgl. evtl. Materialkosten.

	Das Geburtstagskind, die Geschwister und die Eltern des Geburtstagskindes haben an diesem Tag feien Eintritt ins Museum.
Infos:	Auskünfte und Anmeldung bei Jörg Dehlinger (Museumspädagoge) Telefon 0 70 25/9 11-90 28 oder Edita Kaißer, Telefon 0 70 25/9 11 90-33 (während der Saison am besten vormittags), Fax 0 70 25/9 11 90-10.
Internet:	www.freilichtmuseum-beuren.de

Tipp:
Es gibt ein umfangreiches Saisonprogramm, in dem alle öffentlichen Veranstaltungen für Kinder und Erwachsene aufgeführt sind.

Geburtstag auf dem Bauernhof

Davon träumen Stadtkinder: Den eigenen Geburtstag einmal auf einem echten Bauernhof feiern. Dies hat der **Sonnenhof** in Mühlhausen schon seit einigen Jahren erkannt und sein Angebot konsequent ausgebaut. Ob mit oder ohne Betreuung, ob mit oder ohne Speisen aus dem eigenen Hofladen: Ponyreiten, Schatzsuche und ein ausgeklügeltes Programm für sonniges wie nasses Wetter bezeugen, dass Kinder hier ernst genommen werden und der Stellenwert eines Geburtstags im Kreise der Freunde richtig eingeschätzt wird.

Auch übers Jahr bietet der Hof ein beeindruckendes Kinderprogramm, das ständig ausgebaut wird. Kunstschule, Reitkurse, Mais-Labyrinth und der Hofladen sind ein weiterer Beweis für die Kreativität der Betreiber (s. Kapitel 11).

Wie kommt man hin?
Per VVS: Mit der Stadtbahn-Linie U 14 Richtung Remseck, Haltestelle „Hornbach".

Per Pkw: Aus Richtung Stuttgart Bad Cannstatt/Mühlhausen kommend Richtung Remseck-Aldingen. Gegenüber dem Baumarkt Hornbach links abbiegen und Beschilderung folgen.

Infos:	Telefon 07 11/5 07 46 20, Fax /53 82 18, e-Mail: info@derSonnenhof.com;
Internet:	www.dersonnenhof.com

Wo kann man sonst noch feiern? Einen Anspruch auf Vollständigkeit erhebt die nachfolgende Auflistung nicht im mindesten. Fast überall, wo etwas für Kinder gemacht oder veranstaltet wird, kann man auch Kindergeburtstage feiern. Ein Nachfragen an betreffender Stelle ist deshalb zumindest nie verkehrt. Hier noch einmal Möglichkeiten, die in den vorigen Kapiteln bereits angesprochen wurden. Dort finden sich auch nähere Informationen, Ansprechpartner und/oder Telefonnummern.

Kapitel 2:	Württembergisches Landesmuseum, Staatliches Museum für Naturkunde (Museum am Löwentor und Schloss Rosenstein), Staatliches Museum für Volkskunde (Linden-Museum), Staatsgalerie Stuttgart, Haus der Geschichte Baden-Württemberg
Kapitel 3:	Spielhaus im Unteren Schlossgarten
Kapitel 6:	Haus des Waldes, VHS-Sinnesgarten
Kapitel 10:	Neckar Käpt'n
Kapitel 11:	Ponyhof Müller, Freizeitreiten Riedenberg
Kapitel 15:	Flughafen Stuttgart
Kapitel 18:	Vogel- und Naturschutzzentrum Sindelfingen
Kapitel 19:	Tripsdrill
Kapitel 21:	Ludwigsburg im Schloss
Kapitel 25:	Drachenladen Tako Tako

Wie gesagt, Möglichkeiten Kindergeburtstag zu feiern gibt es viele. Nur ein paar davon sollen als Idee und Gedankenstütze genannt sein. So kann man auch in vielen Bädern feiern, und zwar mit Programmen, die Schwimmen und Tauchen beinhalten, zum Beispiel im Hallenbad Sonnenberg in Stuttgart-Möhringen (Telefon 07 11/ 7 65 18 06), im Hallenbad in Stuttgart-Zuffenhausen (Telefon 07 11/2 16-52 93) oder im Leo-Vetter-Bad in Stuttgart-Ost (Telefon 07 11/2 16-90 77).

Spannend ist es auch im „Theater am Faden" (Hasenstraße 32, 70199 Stuttgart, Telefon 07 11/60 48 50), wo Kinder vor der Puppentheatervorführung noch Kuchen essen und Kostüme anprobieren können.

Weit über Stuttgart hinaus geht ein letzter Tipp, der eigentlich nicht mehr in den Rahmen des Buchs, immerhin aber den des Kapitels gehört: In Bruchsal kann man Kindergeburtstage im Kloster feiern: Nach einem Einblick ins Klosterleben können Kinder eine Mönchskutte oder die originalgetreu nachgenähten Kleidungsstücke anziehen und den Alltag der Mönche und Klosterschüler im Rollenspiel nacherleben. Anschließend wird noch gebastelt oder gemalt. (Infos Schloss Bruchsal, Telefon 0 72 51/74 26 63, 10.00 bis 13,00 Uhr).

Kindergeburtstage können darüber hinaus in fast allen Staatlichen Schlössern gefeiert werden. Nachfragen lohnt sich an den jeweiligen Stellen fast immer.

Die wichtigsten Termine im Stuttgarter Festkalender

Stuttgart und sein Einzugsgebiet sind als Wirtschafts- und Kulturregion bekannt. Sie sind reich an unzähligen Traditionen, Bräuchen und Festen. Im Sommer vor allem gibt es überall, in jedem Stadtteil Straßenfeste, die Hierzulande als „Hocketse", oder inzwischen auch manchmal kurz als „Hock", bezeichnet werden. Zugrunde liegt der Grundzug dieser Feste, dass man zusammensitzt, zusammenhockt wie der Schwabe sagt. Meist liegt die Bewirtung hier in der Hand von Vereinen, die damit ihre Kassen auffüllen. Oft haben sie auch ein erstaunlich großes und vielseitiges Programm, auch und gerade für Kinder. Nicht selten geht ein verkaufsoffener Sonntag mit einher. Solche Feste sind zahllos, wo und wann sie stattfinden, was geboten ist, entnimmt man deshalb am besten der Presse.

Manchmal spukt's schon vor der Fahrt

Die Stadt Stuttgart hat aber natürlich auch große Feste, die weit über die Region, das Bundesland und, zumindest im Fall des Volksfests und des Stuttgarter Weihnachtsmarktes, sogar über die Grenzen Deutschlands hinaus im Ausland bekannt sind. Selbst diese großen Feste ziehen sich wie eine Perlenschnur durchs Jahr. Im Rahmen dieses Kapitels werden deshalb nur diejenigen Feste erwähnt und auch die nur relativ kurz, die für Familien mit Kindern interessant sind. Eine Auswahl, die sich in keiner Weise gegen wahrscheinlich für die Stadt mindestens ebenso wichtige Feste wie zum Beispiel das regelmäßig im August stattfindende „Sommerfest" oder das Ende August/Anfang September stattfindende „Stuttgarter Weindorf" richtet. Der für Familien interessante Reigen im Festkalender der Stadt wird regelmäßig Ende April/Anfang Mai durch das **Stuttgarter Frühlingsfest** in Bad Cannstatt eröffnet. Drei Wochen lang geht es dann auf dem „Wasen", dem Festplatz Stuttgarts, wieder rund. Vergnügen pur ist angesagt mit Riesenrad, Wilder Maus und Geistergrotte, aber auch Bratwürsten, den „Göckele" genannten Hähnchen und Kässpätzle.

Einmal im Jahr organisiert der Stuttgarter Jugendhaus e. V. ein riesengroßes **Kinderfest**. Nach Willen der Veranstalter soll sich dafür der Juni etablieren. Über den genauen Termin sollte man sich rechtzeitig vorab informieren, denn das ist wirklich eine Veranstaltung, die ganz und gar auf Kinder zugeschnitten ist. Etwa, wenn sich das Spielhaus (s. Kapitel 3) in den Unteren Schlossgartenanlagen in einen bunten Jahrmarkt verwandelt, mit Kinderzirkus, mit Zauberei und Varietékünsten, mit Mitmachaktionen und Basteln.

Im Juli jeweils ist der **Hamburger Fischmarkt** zu Gast auf dem Karlsplatz beim Alten Schloss. Außer an den vielen Fischspezialitäten, freuen sich Familien vor allem auch daran, dass man nicht nur Fisch, sondern auch Wurst, Obst und Pflanzen körbe- oder taschenweise zu Schnäppchenpreisen ersteigern kann.

Herbstzeit ist Rummelplatzzeit, natürlich auch in Stuttgart. Ende September/Anfang Oktober geht es 16 Tage lang wieder auf dem Wasen rund: Das **Cannstatter Volksfest** wurde 1818 zum ersten Mal gefeiert, damals aber noch als Erntedankfest. An diesen Ursprung erinnert noch immer die 24 Meter hohe Fruchtsäule, aber auch sein Auftakt der große Volksfest-Umzug mit den prächtigen, schön dekorierten vier- und sechsspännigen Brauereiwagen und Trachtengruppen aus dem ganzen Land. Mit seinen zahlreichen Fahrgeschäften, die jedes Jahr neue größere, schnellere, atemberaubendere Attraktionen bieten, seinen großen Bierzelten und seinem Krämermarkt gehört das Volksfest mittlerweile zu den größten und bekanntesten Volksfesten der Welt. Um den Besucherandrang zu bewältigen setzt die VVS jedes Jahr Sonderzüge zum Wasengelände und zurück ein.

Es erscheint schwer, wenn nicht gar unmöglich, für das letzte Fest im Jahr einer solchen Bekanntheit wie dem Volksfest mindestens gleichzuziehen. Und doch ist genau dies mit dem **Stuttgarter Weihnachtsmarkt** gelungen. Ab Ende November bis zum 23. Dezember zieht sich der Markt durch die Gassen und Plätze rund ums Rathaus. Dass er Besucher von weit her, vor allem aus der Schweiz anzieht, beweisen die Kennzeichen der vielen Reisebusse, die man dann in Stuttgart sieht. Denn mittlerweile gilt er als der schönste und größte Weihnachtsmarkt Europas. Und sollte es zwischen den Ständen eng werden, gibt es dennoch viel zu sehen. Die Dachaufbauten der Stände nämlich sind mindesten so schön und interessant wie die Stände selbst. Ganze Märchenlandschaften mit laufenden Wasserrädern, beweglichen Figuren, mit Bäumen, Schlitten und Schnee sind auf den Dächern der Marktstände zu finden.

Für Kinder gibt es zudem einen eigenen Markt, das „**Märchenland**". Auf dem Schlossplatz, vor dem Königsbau, gibt es dann nostalgische Kinderkarusselle, ein Kinder-Riesenrad, Märchenfiguren und eine Kleinbahn mit echter Dampflok, die zischend ihre Runden zieht. Märchenerzähler, Puppenspieler, Zauberer und Clowns haben dann täglich zwischen 14.00 und 17.00 Uhr ihren Auftritt im Musikpavillon.

Ebenfalls zu den vorweihnachtlichen Highlights des Weihnachtsmarkts gehört inzwischen die 500 Quadratmeter große **Kunsteisbahn** vor dem Neuen Schloss, quasi als „Verbindungsglied" zwischen Weihnachtsmarkt und Märchenland. Schlittschuhe können ausgeliehen werden. Und hier Schlittschuh zu laufen, mitten in der Stadt, umrahmt auch hier von Buden, in denen Essen angeboten wird, das hat schon was.

Orts-/Stichwortliste mit Kapitelangaben

Museen